H. AMO／Y. SASAKI／N. NISHIKAWA／T. MATSUMOTO

Grammaire pratique du français

— troisième édition —

Editions ASAHI

―― 音声はこちら　ストリーミング／MP3 ――

https://text.asahipress.com/free/french/gpf02019/index.html

まえがき

- この教科書は，週１回，１年間で修了するクラスでフランス語初級文法を学ぶ大学生を対象にして書かれた入門書です．
- 基本的な事項をほぼもれなくおさめてありますが，フランス語を初めて学ぶ人がつまずきやすい内容を重点的に扱っています．
- フランス語がなめらかに，段階的に理解できるように配慮し，要所要所で知識を整理していきます．
- 動詞の活用はできるかぎり本文中に図表で示しました．習うたびごとに覚えてください．
- 編者たちの経験によれば，最初に学んだ文法書はていねいにつきあっておけば，その後もたいそう役に立ちます．２年目も手もとにおいて参照してもらえるよう考慮して編集してあります．
- カコミ記事も，独習できる付録 (Appendice) とともに利用してください．

　　　1989 年　春

　　　　　　　　　　　　　　　　　　　　　　　　　　　　　　編　者

改訂にあたって

- 最初の３課に発音のカナ表記を併記しています．フランス語の発音をカナで表記するのはもともと無理なことですから，これは初歩的な読み違いをチェックするための補助手段に過ぎないと考え，教室でできるだけ早く正確な発音に慣れ，音声データを活用し，綴り字の読み方の原則を覚えてください．
- 教室での時間配分を考え，自習問題を用意しました．前半はとくにやさしい問題ばかりです．予習，復習の手引きとして活用してください．解答は別冊にあり，Exercices の一部とともに音声も収録されています．
- 巻末にインデックスをつけました．〈 de 〉，〈 le 〉など，同じ形で異なった役割をもつ語の理解，動詞の法と時制の関連など，上手に利用すれば，フランス語の知識の整理にも役立つはずです．

　　　2004 年　春

このテキストをこれまで使い続けておられる先生方のご意見を参考にし，できる限り教室で使いやすいように，課の配分を中心に，文法の説明を見直しました．また，今回，別冊に『使用単語集』をつけました．学習の効率化や単語習得に役立ててください．文法的な知識の整理や確認のためには Index を活用して，二つながら有効利用してもらえることを祈っています．

　　　2019 年　春

　　　　　　　　　　　　　　　　　　　　　　　　　　　　　　編　者

目　　次

発　音

Leçon　1 ……………………………………………………………………… 7
1. 名詞の性と数　2. 不定冠詞・定冠詞　3. 無音の h と有音の h
4. リエゾン，アンシェヌマン，エリジオン　5. 形容詞と名詞の一致
6. Voilà, voici…., C'est…, Ce sont…

Leçon　2 ……………………………………………………………………… 12
7. 主語となる人称代名詞　8. 第 1 群規則動詞の直説法現在
9. 否定文　10. 指示形容詞　11. 所有形容詞　12. 基数詞　1～10

Leçon　3 ……………………………………………………………………… 18
13. être の直説法現在　14. avoir の直説法現在　15. 前置詞 à, de と定冠詞の合体
16. 疑問文　17. 部分冠詞　18. 否定の冠詞 de　19. il y a …

Leçon　4 ……………………………………………………………………… 25
20. finir の直説法現在　21. 直接目的補語となる人称代名詞　22. 中性代名詞 en (1)
23. 否定疑問　24. 疑問形容詞 quel　25. 疑問代名詞　26. 基数詞　11～20

Leçon　5 ……………………………………………………………………… 33
27. aller, venir の直説法現在　28. 名詞・形容詞の複数形　29. 形容詞の女性形
30. 名詞と形容詞の語順

Leçon　6 ……………………………………………………………………… 39
31. partir, attendre, recevoir の直説法現在　32. 間接目的補語となる人称代名詞
33. 目的補語人称代名詞を並列する場合の語順　34. 人称代名詞強勢形
35. prendre, faire の直説法現在

Leçon　7 ……………………………………………………………………… 44
36. 代名動詞　37. 命令法　38. 関係代名詞 (1) qui, que, où, dont
39. 基数詞　21～1000

Leçon　8 ……………………………………………………………………… 52
40. appeler, acheter, préférer の直説法現在　41. 過去分詞　42. 直説法複合過去
43. 代名動詞の複合過去　44. 過去分詞の一致

Leçon　9 ……………………………………………………………………… 58
45. pouvoir, vouloir の直説法現在　46. 非人称動詞　47. 中性代名詞 le, en (2), y
48. 形容詞・副詞の比較　49. 序数詞

Leçon 10 ……………………………………………………………………… 68
50. mettre, dire の直説法現在　51. 直説法半過去　52. 直説法大過去
53. 受動態　54. 不定代名詞 on

Leçon 11 74
55. savoir, connaître, voir の直説法現在　56. 直説法単純未来　57. 直説法前未来
58. 現在分詞　59. ジェロンディフ　60. 指示代名詞
61. 強調文 C'est…qui, C'est…que

Leçon 12 82
62. 直説法単純過去　63. 直説法前過去　64. 関係代名詞 (2) lequel

Leçon 13 88
65. 条件法

Leçon 14 92
66. 接続法　67. 接続法半過去・接続法大過去　68. 条件法過去第 2 形

Appendice 101
69. 疑問代名詞 lequel　70. 所有代名詞　71. 基数詞
72. 直接話法から間接話法へ　73. 綴り字の読み方　まとめ　74. 音節の切り方
75. リエゾン

Index 110

カコミ
　綴り字の読み方　5, 16, 29, 104
　区別が大事　5つの［ウ］　38
　e の読み方　31
　冠詞　23
　曜日　29
　フランス語の基本文型―フランス語の文法用語　32
　月の名　47
　さまざまな否定のかたち　48
　関係代名詞について　51
　中性代名詞 en と関係代名詞 dont の用法について　66
　フランス語の受動表現　72
　直説法の時制　84
　de qui, de quoi, duquel と dont　87
　叙法について　88, 92
　接続法　92
　主語の同格　100

まとめの表
　人称代名詞一覧表　41
　さまざまな否定のかたち　48
　複合過去の作り方のまとめ　56
　関係代名詞一覧表　86

発音

I フランス語の字母　Alphabet アルファベ　🔘1-2

A	a	[a ア]		N	n	[ɛn エヌ]
B	b	[be ベ]		O	o	[o オ]
C	c	[se セ]		P	p	[pe ペ]
D	d	[de デ]		Q	q	[ky キュ]
E	e	[ə ゥ]		R	r	[ɛːr エール]
F	f	[ɛf エフ]		S	s	[ɛs エス]
G	g	[ʒe ジェ]		T	t	[te テ]
H	h	[aʃ アッシュ]		U	u	[y ュ]
I	i	[i イ]		V	v	[ve ヴェ]
J	j	[ʒi ジ]		W	w	[dublǝve ドゥブルヴェ]
K	k	[kɑ カ]		X	x	[iks イクス]
L	l	[ɛl エル]		Y	y	[igrɛk イグレック]
M	m	[ɛm エム]		Z	z	[zɛd ゼッド]

II 発音の手引き

　フランス語の発音について，ここでは文法を始める前に知っておいた方がよい最低限のことを学びます．音声を注意して聞き，間違いをおそれず，声を出して反復練習しましょう．

1. 普通の母音　息を口から出す　🔘1-3

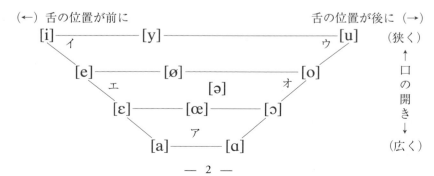

- [i] 日本語の「イ」より唇の両端を強く左右に引き，上下の歯の間隔も狭い．
- [e] [ɛ]（狭い「エ」と広い「エ」）前ページの表からわかるように [e] は [i] に近く，日本語の「エ」より唇の両端を強く左右に引く．
- [u] 日本語の「ウ」より口を丸く前に突き出し，喉の奥の方で発音する．
- [o] [ɔ]（狭い「オ」と広い「オ」） [o] は日本語の「オ」より口を丸めて前に突き出す．
- 図の中央にある [y] [ø] [œ] は，それぞれ唇の形は同じ列の右側の母音を発音する形をとりながら，同じ列の左側の音を発音するときの舌の位置で発音する．[y] は，口を丸く突き出して [i] の音を出す．唇をひょっとこのように細く丸く前に出すとうまくいく．

　　 [ø] は，やはり唇を細く丸めて [e] の音を出す．唇の開きが広くなると [œ] になる．
- [ə] 唇・舌の力をぬいて，ごく軽く「ウ」という．

2. 鼻母音　息を口と同時に鼻へぬく　🔊1-4

　　　　[ɔ̃ ォン]（← o）　[ɑ̃ ァン]（← ɑ）　[ɛ̃ ァン]（← ɛ）　[œ̃ ァン]（← œ）

　　[ɔ̃ ォン] は，狭い [o ォ] の鼻母音化．[ɛ̃ ァン] は，「エン」よりは「アン」に近く，[ɑ̃ ァン] より舌を前に出して，唇の両端を軽く横に引く．[ɛ̃] と [œ̃] の区別は次第になくなりつつある．日本語のアン，オンの「ン」は鼻音で，息は鼻だけからぬけるが，鼻母音は同時に口からも息をぬくのです．

3. 半母音　🔊1-5

　　　　[j]（← i）　[ɥ]（← y）　[w]（← u)

　　母音梯形の [i], [y], [u] の息の通路がさらに狭くなったもの．単独で音節をつくることはなく，他の母音と結びついてあらわれるので半母音といわれる．

- [j] は，日本語の「ヤ」「ユ」「ヨ」の頭音に近い．piano [pjano ピャノ] ピアノ
- [ɥ] は，[y] を短く発音し，すぐ次の母音に移る．nuit [nɥi ニュィ] 夜（[ɥ] で唇を突き出し [i] で横に引く．）
- [w] は，「ウ」の頭音に近い．oui [wi ゥィ]（＝yes）（[w] で唇を突き出し，[i] で横に引く．）

練習◇◇◇・母音の発音　🔊1-6

1) [i　e　ɛ　a　　　a　ɛ　e　i]
2) [u　o　ɔ　ɑ　　　ɑ　ɔ　o　u]
3) [i　e　ɛ　a　　　ɑ　ɔ　o　u]
4) [i　y　i　y　　　y　y　y]
5) [e　ø　e　ø　　　ø　ø　ø]
6) [ɛ　œ　ɛ　œ　　　œ　œ　œ]
7) [ɛ　ɛ̃　ɛ　ɛ̃　　　ɛ̃　ɛ̃　ɛ̃]
8) [ɛ　œ　œ̃　　　œ̃　œ̃　œ̃]
9) [ɑ　ɑ̃　ɑ　ɑ̃　　　ɑ̃　ɑ̃　ɑ̃]
10) [o　ɔ̃　o　ɔ̃　　　ɔ̃　ɔ̃　ɔ̃]

4. 子音 ◎1-7

[p]　[t]　[k]　　　[f]　[s]　[ʃ]　　　[m]　[n]　[ɲ]
[b]　[d]　[g]　　　[v]　[z]　[ʒ]
[l]　[r]

- [ʃ]「シャ」「シュ」「ショ」の頭音を舌を上（硬口蓋の方）に立てるように近づけて出す．choc [ʃɔk ショック] 衝撃，Michel [miʃɛl ミシェル] ミシェル（人名）
- [ʒ] [ʃ] を有声音にする．舌を硬口蓋に触れずに発音する．英語の [dʒ] とは異なる．Japon [ʒapɔ̃ ジャポン] 日本
- [l] 舌の先を上の前歯の裏に押し立て，軽く離す．table [tabl ターブル] テーブル
- [r] 舌の先を下の前歯の裏におき，舌の後部を持ちあげ，口蓋垂（のどびこ）との間を通る息で軽い摩擦音をつくる．[g] のかっこうで，口蓋垂との間にすきまをつくると [r] に移行しやすい．merci [mɛrsi メルシ] ありがとう
- [ɲ]「ニャ」「ニュ」「ニョ」の頭音に近い．cognac [kɔɲak コニャック] コニャック
- [n] 舌の先を上の前歯のすぐ後ろの軟口蓋に軽くあてて離す．軽い「ヌ」で「ン」ではない．Seine [sɛn セーヌ]

III　綴り字記号 ◎1-8

　フランス語のアルファベは英語と同じ 26 文字ですが，英語にはない綴り字記号があり，その有無により意味や読み方が違ってきます．綴り字記号のついている単語は，その記号をつけて覚えなければなりません．

´	アクサン・テギュ	accent aigu	é
`	アクサン・グラーヴ	accent grave	à, è, ù
^	アクサン・シルコンフレクス	accent circonflexe	â, ê, î, ô, û

　＊ 上記 3 つをアクサン記号という（発音上のアクセントとは関係がない）

¨	トレマ	tréma	ë, ï, ü

　＊ トレマのついた母音字は前の母音字と切り離して扱われる．

ˏ	セディーユ	cédille	ç (c cédille)

　＊ c の発音が [s] になることを示す．

-	トレデュニオン	trait d'union	**après-midi**

Ⅳ　綴り字の読み方　　その1　🔊 1-9

フランス語では，綴り字と発音の間の対応関係が規則的で，例外はわずかです．したがってその規則を覚えると，ほぼ間違いなく単語が読めます．以下の綴り字の読み方をまず覚えてください．

語尾の **e** ［無音］　Madame [madam マダム]　夫人
　　ただし，一音節語では：le [lə ル]（第1課に出てくる定冠詞）

é（ウ・アクサンテギュ）	[e エ]	café [kafe カフェ]	コーヒー
è（ウ・アクサングラーヴ）	[ɛ エ]	père [pɛːr ペール]	父親
ê（ウ・アクサンシルコンフレックス）	[ɛ エ]	crêpe [krɛp クレープ]	クレープ
i	[i イ]	pipe [pip ピプ]	パイプ
a	[a ア]	table [tabl ターブル]	テーブル
o	[ɔ オ] [o オ]	photo [fɔto フォト]	写真
u	[y ユ]	justice [ʒystis ジュスティス]	正義
ou	[u ウ]	amour [amuːr アムール]	愛，恋
ai	[e エ] [ɛ エ]	Air France [ɛːr frɑ̃s エールフランス]	エールフランス（フランス航空）
ei	[ɛ エ]	la Seine [la sɛn ラセーヌ]	セーヌ川
au	[ɔ オ] [o オ]	Paul [pɔl ポル]	ポール（男子の名）
eau	[o オ]	beauté [bote ボテ]	美
oi	[wa ゥワ]	Marie-Antoinette [mari ɑ̃twanɛt マリアントワネット]	マリー＝アントワネット

母音字＋n, m は鼻母音となる．　🔊 1-10

an, am	[ɑ̃ アン]	lampe [lɑ̃p ランプ]	ランプ
en, em		ensemble [ɑ̃sɑ̃bl アンサンブル]	アンサンブル，一緒に
in, im	[ɛ̃ アン]	Rodin [rɔdɛ̃ ロダン]	ロダン
on, om	[ɔ̃ オン]	chanson [ʃɑ̃sɔ̃ シャンソン]	歌，シャンソン
母音字＋s＋母音字	[z]	maison [mɛzɔ̃ メゾン]	家
それ以外の **s**	[s]	cassette [kasɛt カセット]	カセット
		salon [salɔ̃ サロン]	サロン
ch	[ʃ]	Chopin [ʃɔpɛ̃ ショパン]	ショパン
th	[t]	thé [te テ]	茶，紅茶
ph	[f]	philosophie [filɔzɔfi フィロゾフィ]	哲学

qu	[k]	question [kɛstjɔ̃ ケスチオン]		質問
gn	[ɲ]	signe [siɲ シーニュ]		しるし

語末の子音字はふつうは読まない．

   Paris [pari パリ]   パリ

ただし，c, f, l, r は読むことが多い．

   Bonjour [bɔ̃ʒuːr ボンジュール]   おはよう，こんにちは

 フランス語には，二重母音はない．英語のように，1つの母音を2つの母音に読むことはなく，2つ以上つづく母音字も，1つの母音として発音する．英語読みしないように注意しよう．◎1-11

英語	table [téibl]	place [pleis]	age [eidʒ]
フランス語	table [tabl ターブル]	place [plas プラス]	âge [ɑːʒ アージュ]
英語	arrive [əráiv]	silence [sáiləns]	type [taip]
フランス語	arrive [ariːv アリーヴ]	silence [silɑ̃ːs シランス]	type [tip ティプ]
英語	note [nout]	Seine [sein]	
フランス語	note [nɔt ノート]	Seine [sɛn セーヌ]	

 綴り字の読み方は，「その2」が16ページ，「その3」が29ページ，5つの「ウ」が38ページに出てきます．すべてのまとめは104ページにあります．新しい単語が出てくるたびに，この規則を当てはめて反復すれば，案外早く覚えられます．

練習 1

 次の単語を声に出してよみなさい．◎1-12
1) passeport（パスポート） 2) saison（季節） 3) printemps（春）
4) liberté（自由） 5) université（大学） 6) indépendance（独立）
7) méthode（方法） 8) pensée（考え） 9) gâteau（ケーキ）
10) chou à la crème（シュークリーム）

練習 2

 [r]／[l] と [ʃ]／[s], [z]／[ʒ] を区別できるように練習しましょう．◎1-13
riz [ri]／lit [li], rond [rɔ̃]／long [lɔ̃], roi [rwa]／loi [lwa], roux [ru]／loup [lu]
ses [se]／chez [ʃe], sans [sɑ̃]／champ [ʃɑ̃], sous [su]／chou [ʃu]
zèle [zɛl]／gel [ʒɛl], douze [duːz]／rouge [ruːʒ],
maison [mɛzɔ̃]／bourgeon [burʒɔ̃]

Leçon 1   (un)

§1 名詞の性 *genre* と数 *nombre*   🎧1-14

フランス語の名詞は，**男性名詞**（*n.m.*＝nom masculin）と**女性名詞**（*n.f.*＝nom féminin）に分かれる．

	男性名詞			女性名詞	
père	[pɛːr ペール]	父親	mère	[mɛːr メール]	母親
oncle	[ɔ̃ːkl オーンクル]	おじ	tante	[tɑ̃ːt タント]	おば
coq	[kɔk コック]	雄鶏	poule	[pul プル]	雌鶏
jardin	[ʒardɛ̃ ジャルダン]	庭	maison	[mɛzɔ̃ メゾン]	家
livre	[liːvr リーヴル]	本	table	[tabl ターブル]	テーブル

生物学的な「性」sexe を持つものはそれとほぼ対応しているが，それ以外は文法上の「性」genre である．

- 名詞は辞書では「男」，「女」，「名」などの表記でこれが示されている．「名」は男性形，女性形のある名詞（主に人を表す単語）を表わす．

複数形（*pl.*＝pluriel）は原則として単数形（*s.*＝singulier）の語末に s をつける．この s は発音せず，単数形と同じ発音になる．

blouson → blousons　ブルゾン　　　　cravate → cravates　ネクタイ
[bluzɔ̃ ブルゾン] *n. m.*　　　　　　　　[kravat クラヴァット] *n. f.*

§2 不定冠詞 *article indéfini*・定冠詞 *article défini*

フランス語の冠詞には，**不定冠詞**，**定冠詞**，および後で学ぶ**部分冠詞**がある（→ p.21, §17）．不定冠詞および部分冠詞は名詞を不特定なものとして示し，定冠詞は名詞を特定化し，またその種類の全体を示す．

(1)　**不定冠詞**　🎧1-15

男性単数	女性単数	男性・女性複数
un [œ̃ アン]	**une** [yn ユヌ]	**des** [de デ]

un garçon	[œ̃ garsɔ̃ アンギャルソン]	des garçons	[de garsɔ̃ デギャルソン]	少年
une pomme	[yn pɔm ユヌポム]	des pommes	[de pɔm デポム]	リンゴ
un‿avion	[œ̃navjɔ̃ アンナヴィヨン]	des‿avions	[dezavjɔ̃ デザヴィヨン]	飛行機
une‿école	[ynekɔl ユネコル]	des‿écoles	[dezekɔl デゼコル]	学校
un‿hôtel	[œ̃nɔtɛl アンノテル]	des‿hôtels	[dezɔtɛl デゾテル]	ホテル

(2) **定冠詞** 🄫1-16

男性単数	女性単数	男性・女性複数
le [lə ル] (**l'**) [l]	**la** [la ラ] (**l'**) [l]	**les** [le レ]

le, la は，母音字または無音の h（次項参照）で始まる語の前ではともにエリジオン（母音字省略）をして l' となる．

le problème	[lə prɔblɛm ルプロブレム]	les problèmes	[le prɔblɛm レプロブレム]	問題
la chaise	[la ʃɛːz ラシェーズ]	les chaises	[le ʃɛːz レシェーズ]	いす
l'arbre	[larbr ラルブル] *n. m.*	les‿arbres	[lezarbr レザルブル]	樹木
l'étoile	[letwal レトワル] *n. f.*	les‿étoiles	[lezetwal レゼトワル]	星
l'histoire	[listwaːr リストワール] *n. f.*	les‿histoires	[lezistwaːr レジストワール]	歴史，物語

§3　無音の h (*h muet*) と有音の h (*h aspiré*)　🄫1-17

綴り字の h はすべて発音されないが，語頭にくる h は，文法上の約束で 2 種類に区別される．〈**無音の h**〉で始まる語は，母音字で始まる語と同じように扱われ，リエゾンやエリジオンを行い（次項参照），〈**有音の h**〉で始まる語は，子音字で始まる語と同様に扱われる．有音の h で始まる語は，辞書の見出しに † などの印をつけて区別されている：†héros

無音の h：	un‿homme	[œ̃nɔm アンノム]	l'homme	[lɔm ロム]	人，男
	des‿hommes	[dezɔm デゾム]	les‿hommes	[lezɔm レゾム]	
有音の h：	un héros	[œ̃ ero アンエロ]	le héros	[lə ero ルエロ]	英雄，主人公
	des héros	[de ero デエロ]	les héros	[le ero レエロ]	

§4　リエゾン，アンシェヌマン，エリジオン

フランス語では，1つのまとまった意味を表す語群を一息に読み，これをリズムグループとよぶ．アクセントは，それぞれの単語ではなく，リズムグループの最後の音節の母音におかれる．この母音をはっきりと，やや長めに発音するとよい．リエゾン，アンシェヌマン，エリジオンは，いずれもこうした1つのリズムグループのなかでおこる．

(1) リエゾン（連音）　1-18

発音されない語末の子音字のつぎに，母音字（または無音の h）で始まる語がつづくとき，語末の子音字を次の語頭の母音とつづけて発音することがある．これをリエゾンという．リエゾンは母音と母音の衝突を避けようとするフランス語発音上の大原則によっている．リエゾンは1つのリズムグループのなかで，意味上まとまりのある語群で行われる（リエゾンしてはならない場合もある．→ p.108, §75）．

　　un / enfant　　　　　　　　　→　　un‿enfant　　　　子ども
　　[ɑ̃ / ɑ̃-fɑ̃ アン/アンファン]　　　　　　　　　[ɑ̃-nɑ̃-fɑ̃ アン/ナンファン]

　　un / petit / enfant　　　　　→　　un petit‿enfant　　小さい子ども
　　[ɑ̃ / pə-ti / ɑ̃-fɑ̃ アン/プティ/アンファン]　　[ɑ̃-pə-ti-tɑ̃-fɑ̃ アンプティタンファン]

リエゾンにおいては

1)　**s, x** は [z] と発音される．

　　des / enfants　　　　　　　　→　　des‿enfants　　　子どもたち
　　[de / ɑ̃-fɑ̃ デ/アンファン]　　　　　　　　　[de-zɑ̃-fɑ̃ デ/ザンファン]

　　deux / enfants　　　　　　　 →　　deux‿enfants　　2人の子ども
　　[dø / ɑ̃-fɑ̃ ドゥ/アンファン]　　　　　　　　[dø-zɑ̃-fɑ̃ ドゥ/ザンファン]

2)　**d** は [t] と発音される．

　　un / grand / artiste　　　　　→　　un grand‿artiste　　偉大な芸術家
　　[ɑ̃ / grɑ̃ /artist アン/グラン/アルティスト]　　[ɑ̃-grɑ̃-tar-tist アン/グラン/タルティスト]

(2) アンシェヌマン（連読）　1-19

発音される語末の子音を次の語頭の母音（または無音の h）と1音節に読むことがある．これをアンシェヌマンという．リエゾンと同じく，1つのリズムグループのなかで意味上まとまりのある場合に行われる．

　　il / a　　→　　il⌢a　　　une / école　　→　　une⌢école
　　[il / a イル/ア]　　[ila イラ]　　[yn / e-kɔl ユヌ/エコル]　　[y-ne-kɔl ユ/ネコル]

(3) エリジオン（母音字省略）　1-20

母音字（または無音の h）で始まる語の前で，le, la, ce, de, ne, je, me, te, se,

que（および lorsque, puisque, quoique）は，語尾の母音字を省略してアポストロフに置きかえる．これをエリジオンといい，次の母音とひとつづきに発音する．

  je / aime → j'aime   le / hôtel → l'hôtel
  [ʒə / ɛm ジュ／エム] [ʒɛm ジェム] [lə / o-tɛl ル／オテル] [lo-tɛl ロテル]

以上の外に si は次に il, ils（Leçon 2 参照）がくると s'il, s'ils となる．

§5　形容詞 *adjectif* と名詞 *nom* の一致　1-21

形容詞は修飾する名詞の性・数に一致して，男性単数，男性複数，女性単数，女性複数のいずれかの形になる．形容詞の女性形は原則として〈男性形＋**e**〉となり，複数形は〈男性・女性単数形＋**s**〉となる．この s は発音しない．

	単数 *s.*	複数 *pl.*	単数 *s.*	複数 *pl.*
男性 *m.*	rond [rɔ̃ ロン]	ronds [rɔ̃ ロン]	joli [ʒɔli ジョリ]	jolis [ʒɔli ジョリ]
女性 *f.*	ronde [rɔ̃d ロンド]	rondes [rɔ̃d ロンド]	jolie [ʒɔli ジョリ]	jolies [ʒɔli ジョリ]

un visage rond   des visages ronds　丸顔
[œ̃ vizaːʒ rɔ̃ アンヴィザージュロン] [de vizaːʒ rɔ̃ デヴィザージュロン]
une table ronde   des tables rondes　円卓
[yn tabl rɔ̃d ユヌターブルロンド] [de tabl rɔ̃d データーブルロンド]

1) フランス語では名詞を直接修飾する形容詞（付加形容詞という）は，名詞の後におかれる場合が多い．
2) 男性形の語尾が e で終わる形容詞は女性形で改めて e をつけない．（男女同形）
   un feu rouge 赤信号，　une voiture rouge 赤い車

§6　Voilà, voici…, C'est…, Ce sont…　1-22

Voilà une valise.   そこに（ひとつの）スーツケースがあります．
[vwala yn valiːz ヴワラユヌヴァリーズ]

C'est la valise de Paul.   それはポールのスーツケースです．
[sɛ la valiːz də pɔl セラヴァリーズドポル]

Voilà des cahiers.   そこに（何冊かの）ノートがあります．
[vwala de kaje ヴワラデカイエ]

Ce sont les cahiers de Marie.   それらはマリーのノートです．
[s(ə) sɔ̃ le kaje d(ə) mari スソンレカイエドマリ]

Qu'est-ce que c'est ?   これ（それ）は何ですか．
[kɛs kə sɛ ケスクセ]

— C'est‿un mouchoir.   それはハンカチです．
 [sɛtœ̃ muʃwaːr セタンムシュワール]

— Ce sont des mouchoirs.　　　　それらは（何枚かの）ハンカチです．
　[s(ə) sɔ̃ de muʃwaːr スソンデムシュワール]

— C'est‿une pomme.　　　　　　それは（１コの）リンゴです．
　[sɛtyn pɔm セテュヌポム]

— Ce sont des pommes.　　　　　それらは（何コかの）リンゴです．
　[s(ə) sɔ̃ de pɔm スソンデポム]

　Voilà, voici は人・物を話し相手に提示する表現です．「ほら…です」といったところで，会話ではよく使われます．近くの物 voici，遠くの物 voilà という区別はありますが，遠近の対比のない場合は voilà を普通に使います．

Exercices

1. 次の名詞の意味を調べ，不定冠詞をつけてよみなさい．次に定冠詞をつけて読みなさい．
   1) livre　　2) tables　　3) chaise　　4) maisons　　5) étoile　　6) histoire
   7) rythme　　8) chats　　9) vélo　　10) voitures

2. 次の文の（　）内に不定冠詞または定冠詞をいれ，訳しなさい．
   1) Voilà (　　) maison. C'est (　　) maison de Pierre.
   2) Voilà (　　) chiens. Ce sont (　　) chiens de Cécile.
   3) C'est (　　) auto. C'est (　　) auto de Mademoiselle* Dupont.
   4) Voilà (　　) enfants. Ce sont (　　) enfants de Monsieur et Madame Roger.
   5) C'est (　　) grand appartement. C'est (　　) appartement de Louis.

3. (　) 内の形容詞を名詞と一致させなさい．
   1) une (grand) ville
   2) une rose (jaune)
   3) des films (américain)
   4) des chansons (français)

---

* Monsieur [məsjø ムシュー], Madame [madam マダム], Mademoiselle [madmwazɛl マドモワゼル] は姓の前では，M., Mme, Mlle と略すことがある．

Leçon 2 (deux)

§7 主語となる人称代名詞 ◎1-24

	単数		複数	
1人称	je (j')	[ʒə ジュ]	nous	[nu ヌ]
2人称	tu	[ty テュ]	vous	[vu ヴ]
3人称 男性	il	[il イル]	ils	[il イル]
3人称 女性	elle	[ɛl エル]	elles	[ɛl エル]

1) je は次に母音または無音の h で始まる語がくるとエリジオンして j' となる．文中の je (j') はつねに小文字で英語の I のように大文字になることはない．
2) 2人称は単数・複数ともに，英語の you にあたる vous を使うが，家族・友人・同僚など，親しい間柄では単数に tu を使う．
3) 3人称は英語の he, she, they のように人を指すだけでなく，男性名詞・女性名詞で表わされる物・事柄、観念も指す (it)．

§8 第1群規則動詞 (-er 型動詞) の直説法現在 *présent de l'indicatif*

フランス語の動詞は主語の人称によって変化する．この変化を動詞の活用といい，変化しないもとの形を不定詞 *infinitif* という．辞書の見出し語には不定詞の形が使われている．フランス語の動詞の約 90％は不定詞が *-er* で終わり，つぎの活用をする．これを第1群規則動詞 (-er 型動詞) という．

chanter [ʃɑ̃te シャンテ] 歌う ◎1-25

je	chante	[ʒ(ə) ʃɑ̃t ジュシャント]
tu	chantes	[ty ʃɑ̃t テュシャント]
il	chante	[il ʃɑ̃t イルシャント]
elle	chante	[ɛl ʃɑ̃t エルシャント]
nous	chantons	[nu ʃɑ̃tɔ̃ ヌシャントン]
vous	chantez	[vu ʃɑ̃te ヴシャンテ]
ils	chantent	[il ʃɑ̃t イルシャント]
elles	chantent	[ɛl ʃɑ̃t エルシャント]

aimer [eme エメ] 愛する・好む ◎1-26

j'	aime	[ʒɛm ジェム]
tu	aimes	[ty ɛm テュエム]
il aime		[ilɛm イレム]
elle aime		[ɛlɛm エレム]
nous aimons		[nuzemɔ̃ ヌゼモン]
vous aimez		[vuzeme ヴゼメ]
ils aiment		[il zɛm イルゼム]
elles aiment		[ɛl zɛm エルゼム]

-er 型動詞の変化語尾と発音

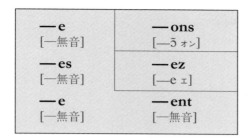

- 活用語尾の綴りと発音の関係をしっかり覚えよう．
- 活用変化している動詞の不定詞は表の変化語尾の部分を —er に変えればよい．

Vous *chantez* bien !	歌がうまいですね．
Léo *donne* des roses à Chloé. (donner)	レオはクロエにバラをおくる．
Elle⌢*aime* les roses.	彼女はバラが好きだ．
Ils‿*habitent* à Paris. (habiter)	彼らはパリに住んでいる．

フランス語には，英語の現在進行形にあたる時制はなく，現在形でこれを表わします．したがって Il chante bien. は状況によって「彼は歌がうまい」と「彼は上手に歌っている」の区別をしなければなりません．また J'habite à Osaka depuis mon enfance.「私は子供のときから大阪に住んでいる」のように過去に始まり現在なおその状態にあること（英語では現在完了形で表される）も現在形で表わします．

§9 否定文 *Phrase négative* 1-27

主語 ne (n')＋動詞＋pas

フランス語の否定文は動詞の活用形を ne と pas で挟んでつくる．ne は次に母音または無音の h で始まる語が来るときはエリジオンして n' となる．

je	*ne*	chante	*pas*	je	*n'*aime	*pas*
tu	*ne*	chantes	*pas*	tu	*n'*aimes	*pas*
il	*ne*	chante	*pas*	il	*n'*aime	*pas*
elle	*ne*	chante	*pas*	elle	*n'*aime	*pas*
nous	*ne*	chantons	*pas*	nous	*n'*aimons	*pas*
vous	*ne*	chantez	*pas*	vous	*n'*aimez	*pas*
ils	*ne*	chantent	*pas*	ils	*n'*aiment	*pas*
elles	*ne*	chantent	*pas*	elles	*n'*aiment	*pas*

Ce *n*'est *pas* un livre, c'est un cahier.　　それは本ではありません, ノートです.
Ce *ne* sont *pas* les chaussures de Jules.　　それはジュールの靴ではない.
Patricia *n*'aime *pas* le poisson.　　パトリシアは魚（の料理）がきらいだ.
Je *ne* chante *pas* bien.　　私は歌が下手だ.

§10　指示形容詞　*adjectif démonstratif*　🎧1-28

男性単数	女性単数	男性・女性複数
ce (cet)　[sə (sɛt) ス(セット)]	**cette** [sɛt セット]	**ces** [se セ]

ce は母音字または無音の h で始まる語の前では cet となり，リエゾンする．

ce chien [sə ʃjɛ̃ スシャン]	この(その)犬	ces chiens [se ʃjɛ̃ セシャン]
cet ami [sɛtami セタミ]	この(その)友人	ces amis [sezami セザミ]
cet hôtel [sɛtotɛl セトテル]	この(その)ホテル	ces hôtels [sezotɛl セゾテル]
cette maison [sɛt mɛzɔ̃ セットメゾン]	この(その)家	ces maisons [se mɛzɔ̃ セメゾン]

・フランス語の指示形容詞には this : that, these : those の区別はない．とくに同種の２者の間で区別する必要があるときには，名詞の後に -ci（近いもの）-là（遠いもの）をつける．

　　Je donne **ce** livre-**ci** à Paul et **ce** livre-**là** à Marie.
　　この本はポールに，その本はマリーに与える.

§11　所有形容詞　*adjectif possessif*　🎧1-29

<table>
<tr><th colspan="2"></th><th colspan="2">所有されるもの</th><th></th></tr>
<tr><th colspan="2"></th><th>男性単数</th><th>女性単数</th><th>男性・女性複数</th></tr>
<tr><td rowspan="6">所有する人</td><td>単数 1人称</td><td>**mon** [mɔ̃ モン]</td><td>**ma (mon)** [ma (mɔ̃) マ(モン)]</td><td>**mes** [me メ]</td></tr>
<tr><td>2人称</td><td>**ton** [tɔ̃ トン]</td><td>**ta (ton)** [ta (tɔ̃) タ(トン)]</td><td>**tes** [te テ]</td></tr>
<tr><td>3人称</td><td>**son** [sɔ̃ ソン]</td><td>**sa (son)** [sa (sɔ̃) サ(ソン)]</td><td>**ses** [se セ]</td></tr>
<tr><td>複数 1人称</td><td colspan="2">**notre** [nɔːtr ノートル]</td><td>**nos** [no ノ]</td></tr>
<tr><td>2人称</td><td colspan="2">**votre** [vɔːtr ヴォートル]</td><td>**vos** [vo ヴォ]</td></tr>
<tr><td>3人称</td><td colspan="2">**leur** [lœːr ルール]</td><td>**leurs** [lœːr ルール]</td></tr>
</table>

1) ma, ta, sa は，母音または無音の h で始まる語の前では，mon, ton, son となり，リエゾンする．

  mon‿école [mɔ̃nekɔl モンネコール]　私の学校

2) 所有形容詞の性・数は次にくる名詞(所有されるもの)の性・数を示す．son, sa は英語の his, her とは違い，「彼の，彼女の」(所有する人)の別を表わすものではない．

  mon père　　*ma* mère　　*mes* parents　　私の父　　私の母　　私の両親
  son oncle　　*sa* tante　　*ses* cousins
  　彼/彼女のおじ　　彼/彼女のおば　　彼/彼女のいとこたち

§12　基数詞 1〜10　🔊1-30

1 **un, une** [œ̃, yn アン, ユヌ]	2 **deux** [dø ドゥ]	3 **trois** [trwa トロワ]	4 **quatre** [katr カトル]	5 **cinq** [sɛ̃:k サンク]
6 **six** [sis シス]	7 **sept** [sɛt セット]	8 **huit** [ɥit ユイット]	9 **neuf** [nœf ヌッフ]	10 **dix** [dis ディス]

- un, une は不定冠詞と共通．　　un‿homme, une femme
- deux, trois は次に母音または無音の h で始まる語がつづくと [z] でリエゾンする．
  deux‿arbres [døzarbr ドゥザルブル] 2本の木,
  trois‿hommes [trwazɔm トロワゾム] 3人の男
- cinq [sɛ̃:k サンク], huit [ɥit ユイット] は子音字の前では [sɛ̃, ɥi サン, ユイ] となる．
  cinq minutes [sɛ̃ minyt サンミニュットゥ] 5本の鉛筆, huit jours [ɥi ʒu:r ユイジュール] 1週間
- six [sis シス], dix [dis ディス] は子音字の前では [si, di シ, ディ] となる．
  six livres [si li:vr シリーヴル] 6冊の本, dix kilos [di kilo ディキロ] 10キロ(グラム)
  母音または無音の h で始まる語がつづくと [z] でリエゾンする．
  six‿ans [sizɑ̃ シザン] 6年／6歳, dix‿heures [dizœ:r ディズール] 10時間／10時
- neuf は ans, heures が来る場合 [v] でリエゾンする．
  neuf‿ans [nœvɑ̃ ヌヴァン] 9年／9歳, neuf‿heures [nœvœ:r ヌヴール] 9時間／9時
  それ以外は neuf enfants [nœf ɑ̃fɑ̃ ヌフアンファン]

1 2 3 4 5 6 7 8 9 10

綴り字の読み方　その2　🎧1-31

y	[i]	style [stil スティル]	文体, 様式

yはiと同じ読みになる.

ym, yn	[ɛ̃]	symphonie [sɛ̃fɔni サンフォニ]	シンフォニー
母音字＋y＋母音字	(y＝i＋iとして読む)		
		voyage (voi＋iage) [vwajaːʒ ヴォワイヤージュ]	旅行
eu, œu	[ø]	deux [dø ドゥ] 2, nœud* [nø ヌゥ]	結び目
	[œ]	fleur [flœːr フルール] 花, sœur [sœːr スール]	姉妹
oin	[wɛ̃]	point [pwɛ̃ ポワン]	点
ain, aim	} [ɛ̃]	Saint Pierre [sɛ̃ pjɛːr サンピエール] 聖ペテロ (←聖ピエール)	
ein, eim		peintre [pɛ̃tr パントル]	画家
c＋{ a, o, u	[k]	Madame Curie [madam kyri マダムキュリー]	キュリー夫人
e, i	[s]	concert [kɔ̃sɛːr コンセール]	コンサート
ç	[s]	Leçon un [ləsɔ̃ œ̃ ルソンアン]	第1課
g＋{ a, o, u	[g]	gare [gaːr ガール]	駅
e, i	[ʒ]	page [paːʒ パージュ]	ページ
ge＋a, o, u	[ʒ]	Georges [ʒɔrʒ ジョルジュ]	ジョルジュ (男子の名)
gu＋e, i	[g]	guitare [gitaːr ギタール]	ギター
j	[ʒ]	Japon [ʒapɔ̃ ジャポン]	日本

＊oの後にeが続くとœと書く (合字のœ)

練習

次の単語を声に出してよみなさい.　🎧1-32

1) symbole（シンボル）　　2) royal（国王の, 王立）　　3) cœur（心臓, ハート）
4) bleu（ブルー）　　5) coin（コーナー）　　6) pain（パン）
7) faim（飢え）　　8) caleçon（パンツ）　　9) citron（レモン）
10) bagage（荷物）　　11) légumes（野菜）　　12) génie（才能）

自習問題

次の動詞の不定詞あるいは, 活用形（直説法現在）を主語をつけて記入し, 発音しなさい.　🎧1-33

不定詞：	parler	travailler	
1人称単数		je joue	
2人称単数			tu donnes
3人称単数(男)			il habite
3人称単数(女)	elle parle		
1人称複数		nous jouons	nous travaillons
2人称複数			vous habitez
3人称複数(男)		ils donnent	
3人称複数(女)			elles travaillent

Exercices

1. 次の文の（　）に，文末に示す動詞を活用変化させて入れ，訳しなさい．
   1. Nous (　　　　　) à sept heures. (dîner)
   2. Mes parents (　　　　　) la télé après le dîner. (regarder)
   3. Monique (　　　　　) ce CD avec son frère : ils (　　　　　) la musique. (écouter, aimer)
   4. Vous (　　　　　) à Osaka ? — Oui, j' (　　　　　) à Osaka depuis trois ans. (habiter)

2. 次の文の（　）内に，指示にしたがって適当な単語を入れ，訳しなさい．
   1. Dominique et Nicole aiment bien（彼らの）chien.
   2. Nous montrons（私たちの）devoirs à（私たちの）professeur.
   3. Georges téléphone à（彼の）fiancée tous les soirs.
      (tous les soirs [tu le swaːr トゥレスワール] 毎晩)
   4. （この）avion arrive à Nagoya à dix heures.
   5. Je donne（これらの）fleurs à ma cousine ; aujourd'hui c'est（彼女の）anniversaire.
      (aujourd'hui [oʒurdɥi] オジュルデュイ 今日　anniversaire [aniverseːr] アニヴェルセール 誕生日 *n.m.*)

3. フランス語に訳しなさい．
   1. 両親は福岡に住んでいます．
   2. 君は上手に踊るね．(踊る：danser)
   3. 私は猫が好きです．(猫：chat *n.m.*)
      (「〜が好きだ」と一般的にあるものを指していうとき，数えられるものは複数形で定冠詞．それ以外［物質名詞・抽象名詞］は単数形で定冠詞．→ p. 23 カコミ欄「冠詞」)
   4. 私たちは図書館で勉強します．(図書館で：à la bibliothèque)

```
A B C D E F G H I J K L M N
a b c d e f g h i j k l m n
O P Q R S T U V W X Y Z
o p q r s t u v w x y z
```

Leçon 3 (trois)

§ 13　être の直説法現在　1-34

être [ɛːtr エートル]

je	suis	[ʒə sɥi ジュスュイ]	nous	sommes	[nu sɔm ヌソム]
tu	es	[ty ɛ テュエ]	vous‿êtes		[vuzɛt ヴゼット]
il‿est		[ilɛ イレ]	ils	sont	[il sɔ̃ イルソン]
elle‿est		[ɛlɛ エレ]	elles	sont	[ɛl sɔ̃ エルソン]

Je *suis*‿étudiant*.　Vous‿*êtes* professeur.　　私は学生です．あなたは先生です．
Nous *sommes* dans la classe.　　　　　　　　　　私たちは教室にいます．
Tu *es* grande.　Ta sœur aussi *est* grande.　　　　（女性に）背が高いね．妹（姉）さんも背が高いね．

Jacques *est* français.　Il *est*‿à Kyoto.　　　　　　ジャックはフランス人です．京都にいます．

　　*　主語（人）＋être＋属詞（主格補語）の構文で，属詞となる名詞が身分，職業，国籍を表わす
　　　場合は原則として無冠詞（→ p. 23 カコミ欄「冠詞」）．
　être は英語の be 動詞にあたり，次に習う avoir と共に代表的な不規則動詞です．
受動態や時制の助動詞として重要なものですから，いますぐ正確に覚えましょう．

§ 14　avoir の直説法現在　1-35

avoir [avwaːr アヴワール]

j'	ai	[ʒe ジェ]	nous‿avons		[nuzavɔ̃ ヌザヴォン]
tu	as	[ty a テュア]	vous‿avez		[vuzave ヴザヴェ]
il‿a		[ila イラ]	ils‿ont		[ilzɔ̃ イルゾン]
elle‿a		[ɛla エラ]	elles‿ont		[ɛlzɔ̃ エルゾン]

J'*ai* un frère.　Il‿*a* dix‿ans.　　　　　　　　　私には弟が一人います．彼は10歳です．
Tu *as* un beau vélo.　　　　　　　　　　　　　　いい自転車持ってるね．
Il‿*est* midi.　Nous‿*avons* faim.　　　　　　　　正午だ．おなかがすいた．
Cette ville *a* un musée d'art moderne.　　　　　　この町には近代美術館がある．
Monsieur et Madame Roche *ont* deux‿　　　　　　ロシュ夫妻には二人の子供がある．男
enfants : un garçon et une fille.　　　　　　　　　の子と女の子だ．

avoir は英語の have 動詞にあたり，時制の助動詞としても重要なものです．être とともに，早く変化を覚えましょう．

- 3人称複数 ils‿ont, elles‿ont [ilzɔ̃ イルゾン, ɛlzɔ̃ エルゾン] の発音を être の ils sont, elles sont [il sɔ̃ イルソン, ɛl sɔ̃ エルソン] と混同しないよう注意すること．

§15　前置詞 à, de と定冠詞の合体　 1-36

前置詞 à, de は次に定冠詞 le, les がくると，これと合体して1語になる．

| à+le | → | **au** | [o オ] |
| à+les | → | **aux** | [o オ] |

| de+le | → | **du** | [dy デュ] |
| de+les | → | **des** | [de デ] |

- ただし，à l', à la および de l', de la はそのまま．
- aux, des は次に母音または無音の h で始まる語がつづくと，リエゾンする．

Ma voiture est‿en panne. Elle⌢est‿*au* garage.　　　私の車は故障している．修理工場に入っている．

Le frère de Claude est‿*aux*‿États-Unis.　　　クロードの兄(弟)はアメリカ合衆国にいます．
　　　　　　　[ɛtozetazyni エトゼタジュニ]

Frédéric travaille *à la* bibliothèque.　　　フレデリックは図書館で勉強している．

Tokyo est la capitale *du* Japon.　　　東京は日本の首都です．

Les‿étudiants parlent *des* vacances.　　　学生たちは休暇の話をしている．
　　（parler de～　～について話す．)

Voilà une voiture. C'est la voiture *de l'*hôpital.　　　あそこに車がある．それは病院の車だ．

☆国名と前置詞　 1-37

国名にも男性名詞と女性名詞がある．le Japon, la France, les États-Unis …

- 場所を表すとき，国名が男性名詞のときは à+定冠詞・国名．
- 国名が女性名詞(および母音字で始まる男性名詞)のときは en+無冠詞国名となる．

Nous sommes ｜ au Japon (au Canada, au Brésil, au Portugal, *etc.*).
　　　　　　｜ aux‿États-Unis.
　　　　　　｜ en France (en‿Allemagne, en‿Angleterre, en‿Chine,
　　　　　　｜ en Corée ; en‿Afghanistan, *etc.*).

§ 16 疑問文 *interrogation* 🎧 1-38

(1) イントネーションによるもの：語順はそのまま，文末をあげるイントネーションで疑問を表わす．日常の話し言葉でよく使われる．

  C'est votre mère ? Elle‿est jeune ! あなたのお母さんですか．お若いですね．

(2) 文頭に **Est-ce que (qu')** をつける：話し言葉で用い，語順は変わらない．

  Est-ce que vous‿habitez à Paris ? パリに住んでいるのですか．
  — Non, j'habite à Versailles. —いいえ，ヴェルサイユに住んでいます．
  Est-ce que Joël aime le football ? ジョエルはサッカーが好きですか．
  — Oui, il‿est fou de football. —そうなんです，サッカーに夢中です．

(3) 主語代名詞と動詞の倒置によるもの．書き言葉あるいはていねいな話し言葉で用いる．

 a) **動詞-主語代名詞...？** 🎧 1-39

aimer	être	avoir
est-ce que j'aime (aimé-je) ?	suis-je ?	ai-je ?
aimes-tu ?	es-tu ?	as-tu ?
aime-*t*-il ? [εmtil エムティル]	est-il ?	a-*t*-il ?
aime-*t*-elle ? [εmtεl エムテル]	est-elle ?	a-*t*-elle ?
aimons-nous ?	sommes-nous ?	avons-nous ?
aimez-vous ?	êtes-vous ?	avez-vous ?
aiment-ils ?	sont-ils ?	ont-ils ?
aiment-elles ?	sont-elles ?	ont-elles ?

- 倒置された動詞と主語代名詞は trait d'union（トレデュニオン）〈-〉で結ばれる．
- -er 型動詞 1 人称単数の倒置形は aimé-je [εmeːʒ エメージュ] となるが，日常語ではほとんど使われることはない．Est-ce que j'aime ? が普通．
- 3 人称単数の動詞が母音字で終わるときは，il, elle との間に発音をととのえるため -*t*- がはいりリエゾンする．habite-*t*-il ?, a-*t*-elle ? etc.

  Êtes-vous français ? あなたはフランス人ですか．
  — Non, je suis‿anglais. —いいえ，私はイギリス人です．
  Parlez-vous français ? あなたはフランス語が話せますか．
  — Oui, un peu. —はい，少し．

b) 主語が代名詞以外のときは，そのまま動詞と倒置することはできない．名詞を主語人称代名詞で受けて，その人称代名詞を動詞と倒置する．

 Jean *prête-t-il* son vélo à son frère ? ジャンは自分の自転車を弟に貸しますか．
 (← Jean prête son vélo à son frère.)
 La clef de l'appartement *est-elle* sur la table ? マンションの鍵は机の上にありますか．

・(2) の Est-ce que を使えばこうした動詞の倒置は避けられる．疑問詞のある疑問文でも，日常語では動詞の倒置を避けるために疑問詞のあとに est-ce que を用いる．

 Quand arrive-t-il ? / Quand‿*est-ce qu'il*‿arrive ? 彼はいつ着きますか．
       [kɑ̃tɛskilariːv カンテスキラリーヴ]
 Où êtes-vous ? / Où *est-ce que* vous êtes ? あなたはどこにいますか？

§17 部分冠詞 *article partitif* 🔘1-40

男性形 *m.*	女性形 *f.*
du [dy デュ] (de l')	**de la** [də la ドゥラ] (de l')

・母音または無音の h で始まる語の前では男性形，女性形ともに de l' となる．

物質名詞，抽象名詞など数えられない名詞で不特定量，一般概念を示すには不定冠詞ではなく部分冠詞を使う．

 Je mange *du* pain avec *du* beurre au petit déjeuner. 朝食にはパンにバターをつけて食べる．
 Ils mangent *de la* viande ce soir. 彼らは今夜肉を食べる．
 Patrice verse *de l'*eau dans le verre. パトリスはコップに水を入れる。
 Cet‿après-midi j'ai *du* travail. 午後は仕事がある．
 Elle‿a *de la* patience. 彼女は辛抱強い．

§18 否定の冠詞 de　🔊1-41

否定文では，直接目的補語（＝直接目的語）につく不定冠詞，部分冠詞は de (d')となる．

Les‿enfants n'ont pas *de* devoirs au-jourd'hui. (← des devoirs)　　子供たちは今日は宿題がない．

Amélie mange de la viande, du poulet, mais, pas *de* poisson.　　アメリーは肉やとりは食べるが，魚は食べない．

Vous avez des frères ?　　兄弟がおられますか．
— Non, je n'ai pas *de* frères.　　—いいえ，おりません．

cf. Ce n'est pas‿*un** frère, c'est‿un‿ami : je n'ai pas *de* frères.　　あれは兄弟ではありません，友人です．私には兄弟はいません．

Amélie n'aime pas *le* poisson.　　アメリーは魚が嫌いだ．

・定冠詞は変らない．

　　* être のあとは直接目的補語ではなく，属詞になるので否定の de にはならない．フランス語の文型については p. 32 カコミ欄「フランス語の基本文型」，「フランス語の文法用語」参照．

§19　il y a …　🔊1-42

Il‿y‿a un ordinateur portable et des CD-ROM sur la table.　　机の上にノートパソコンと CD-ROM がある．

Il‿y‿a quelqu'un ?　　誰かいますか．
　　[kɛlkœ ケルカン]

il y a の疑問形　　{ *est-ce qu'il‿y‿a* … ?
　　　　　　　　　　{ *y‿a-t-il* … ?

il y a の否定形　　*il n'y‿a pas*

・il y a の否定文でも不定冠詞，部分冠詞は de となる．

J'ai soif. *Il‿y‿a* quelque chose dans le frigo ?　　のどが渇いた．冷蔵庫に何かあるかな．

— *Il‿y‿a* de la viande, des légumes, des‿œufs*, du lait…, mais *il n'y‿a pas de* bière. (← de la bière)　　—肉に野菜，卵，ミルクと…でもビールはない．

　　* des‿œufs [dezø デズー] 卵：単数と発音が異なるので注意：un‿œuf [œ̃nœf アンヌフ]

冠　詞

　フランス語の名詞には，英語にはない性の区別があったり，複数形でも同じ発音であったり，とまどうことが多いでしょう．こうした名詞についての情報を伝えるのも冠詞の役割です．英語にはない冠詞の複数形や，部分冠詞があるのもそのためです．したがって，英語に比べて，名詞が無冠詞で使われることはずっと少なくなります．

　しかし，英語では冠詞がついたのに，フランス語では無冠詞になるという例もあります．§13に出てきた，Je suis_étudiant. (I am a student.) Jacques est français. (Jacques is a French.) の場合もそのひとつです．「主語（人）」(A) の「身分，職業，国籍など」(B) を「A は B である．」という形で表わすとき，この身分，職業，国籍などを表わす名詞（B これを主語の属詞といいます）は，フランス語では無冠詞になります．

　同じ構文でも，身分，職業，国籍などを表わす語に修飾語がつけば，

　　M. Lefèvre est un bon professeur.「ルフェーヴル先生はいい先生だ」のように，不定冠詞が必要になります．un bon professeur はたんにルフェーヴルさんの職業を伝えるための表現ではなくなっているのです．

　このほか，無冠詞になる場合としては，avoir を使った，avoir chaud, avoir froid, avoir mal のような，成句表現があります．辞書の成句欄を忘れずにチェックしましょう．

　　　　J'ai chaud (froid).　　　　　　　　　暑い（寒い）．
　　　　Nous avons faim (soif).　　　　　　　おなかが空いた（のどがかわいた）．
　　　　Elle a mal à la tête.　　　　　　　　彼女は頭が痛い．

　定冠詞は特定のもの，既出のものを表わすだけでなく，一般に複数形で，あるものの総称を表わし，J'aime *les* chiens.「犬が好きだ．」のように言います．ただし物質名詞や抽象名詞の場合は単数形になります．

　　　　J'aime *le* café.　　　　　　　　　　コーヒーが好きだ．
　　　　J'aime *la* musique.　　　　　　　　音楽が好きだ．

　食べるものは物質名詞としてとらえられるのが普通で，魚も魚肉として扱うときは物質名詞で，複数形は使いません．

　　　　J'aime *le* poisson.　　　　　　　　魚が好きだ．

　具体的に食べるとなると尾頭付きでも，切り身でも部分冠詞で，

　　　　Je mange *du* poisson.　　　　　　　魚を食べる．

となります．ところが食用として考えないときは一匹，二匹と複数になります．

　　　　Il y a *des* poissons rouges dans l'aquarium.　　　水槽の中に金魚がいる．
　　　　　　　　　　　　　　　　　　　　　[akwarjɔm アクワリオム]

J'aime *les* chevaux. 馬が好きだ．は生き物としての「馬」ですが，
J'aime *le* cheval. といえば「馬肉」が好きだとなります．

　名詞をどのようにとらえるかを表現する冠詞は，このように様々な情報を伝えるのです．

自習問題

1. 次の例文の主語と場所を，指示する語におきかえて文を書き直しなさい。 1-43

    ex. <u>Émile</u> travaille à <u>la bibliothèque</u>. エミールは図書館で勉強している。
    1. M. Grenier, le bureau de poste
    2. Janine, l'hôpital
    3. Nos parents, les États-Unis
    4. Mon frère, la France

2. 次の例文の主語と国名を指示する語におきかえて文を書き直しなさい。 1-44

    ex. <u>Paris</u> est la capitale de la <u>France</u>. パリはフランスの首都だ。
    1. Tokyo, le Japon
    2. Athènes, la Grèce
    3. Ottawa, le Canada
    4. Londres, l'Angleterre

Exercices

1. 例にならって（　）内に，主語人称代名詞と être の活用形を入れなさい。 1-45

    ex. Nicolas est français. (*Il*) (*est*) étudiant. ニコラはフランス人です。彼は学生です。
    1. Jean Réno est français. (　　) (　　) acteur de cinéma.
    2. Maria Callas est cantatrice. Jessye Norman aussi est cantatrice. (　　　) (　　) cantatrices.
    3. Masahiro Tanaka et Shohei Otani sont japonais. (　　　) (　　　) joueurs de base-ball.
    4. Pierre et Marie Curie sont français. (　　　) (　　　) physiciens.
    5. Madonna est américaine. (　　　) (　　) chanteuse.

2. 例にならって疑問文に肯定と否定で答えなさい。 1-46

    ex. Vous avez des enfants, Monsieur Dubois ?
    「デュボワさん，子どもはいますか。」
    — Oui, j'ai deux enfants.　— Non, je n'ai pas d'enfants.
    「はい，ふたりいます。」　　「いいえ，子どもはいません。」
    1. Vous avez une voiture, Madame Legrand ?
    2. Danielle, ton frère a un VTT* ?
        *VTT [vetete ヴェテテ]=vélo tout-terrain： マウンテンバイク
    3. David, tes parents regardent la télé après le dîner ?
    4. Patrice et Sylvie, vous avez un appartement ?

3. 次の文の（　）内に，適当な冠詞を入れ，訳しなさい。
    1. Les Japonais mangent (　　　) riz, mais ils mangent aussi (　　　) pain au repas.
    2. Il y a (　　　) fleurs dans le jardin.
    3. Mme Dupuis verse (　　　) café dans sa tasse.
    4. Maïté mange (　　　) salade à chaque repas pour la santé.

Leçon 4 (quatre)

§20 finir（第2群規則動詞）の直説法現在 ◎1-47

finir [finiːr]　終わる，終える

je	finis	[ʒə fini]	nous finissons	[nu finisɔ̃]
tu	finis	[ty fini]	vous finissez	[vu finise]
il	finit	[il fini]	ils finissent	[il finis]
elle	finit	[ɛl fini]	elles finissent	[ɛl finis]

- 不定詞が -ir で終わる動詞の多くがこれと同型の活用変化をし，第2群規則動詞とよばれる．
- 複数の変化語尾に -ss- が現れるのが，この型の変化の特徴．同型のおもな動詞：choisir（選ぶ），obéir（従う），réussir（成功する）など．

Annette *choisit* une robe pour la soirée.　　アネットはパーティのためにドレスを選ぶ．

Nous *finissons* nos devoirs avant le dîner.　　私たちは夕食までに宿題を終えてしまう．

Ces enfants *grandissent* vite.　　この子らはどんどん大きくなる．

§21 直接目的補語となる人称代名詞 ◎1-48

主語	直接目的補語	主語	直接目的補語
je	me (m')	nous	nous
tu	te (t')	vous	vous
il	le (l')	ils	les
elle	la (l')	elles	

1) 目的格の人称代名詞を（目的）補語人称代名詞という．
2) le, la, les は人だけでなく，物・事柄（＝it, them）についても前出の名詞をくり返す代わりに使う．
3) me, te, le, la は母音または無音の h で始まる語がつづくと，母音字省略し m', t', l' となる．

目的補語人称代名詞は動詞の前におく．
　　Je *t'*aime [Je *vous* aime].　　　　　君が好きだ（あなたが好きです）．

> 主語＋(ne)＋目的補語人称代名詞＋動詞＋(pas)

　　Voilà *une jolie cravate*.　　　　　　ほらきれいなネクタイですよ．
　　— Je *la* choisis pour mon père.　　—それ父のにします．
　　Jean-Pierre a *un beau vélo*. Mais il ne *le* prête à personne*.　　ジャン＝ピエールは立派な自転車を持っている．しかし誰にも貸さない．
　　M. et Mme Lerouche ont *deux enfants*. Ils *les* aiment beaucoup.　　ルルーシュさん夫婦には2人こどもがいる．彼らは2人をとても愛している．
　　Tu es libre ce soir ? Je *t'*invite à dîner : j'ai un bon vin.　　今晩ひまかい．食事においでよ．いいワインがあるんだ．

　　　＊　personne 不定代名詞．否定の ne と共に用い「誰(に)も…ない」（＝nobody）．
　　　　cf. rien 不定代名詞「何も…ない（＝nothing）」

§ 22　中性代名詞 *pronom neutre* **en** (1)　🔊1-49

前出の名詞を特定（定冠詞・指示形容詞・所有形容詞＋名詞）して直接目的補語としてうけるときは，直接目的補語人称代名詞 le / la / les を用いるが，その任意の数量・部分（不定冠詞・部分冠詞・数詞＋名詞）を目的語としてくり返すとき，性・数の変化をしない中性代名詞 en を用いる．en は動詞の前におく．分量・数量を表わす語をつける場合は，分離し動詞の後におく．

　　Tu as des crayons ?　　　　　　　　　　　　　鉛筆持っているかい．
　　— Oui, j'*en* ai.　　　　　(＝j'ai *des crayons*)　　—うん，持ってる．
　　— Oui, j'*en* ai *trois*.　　(＝j'ai trois *crayons*)　　—うん，3本持ってる．
　　— Non, je n'*en* ai pas.　(＝je n'ai pas *de crayons*)　—いや，持っていない．

・代名詞 en のすべての用法は，第9課（→ p. 60, § 47）で学びます．
・目的補語人称代名詞と en の違いについては p. 66 のカコミ欄を読んでください．

§ 23　否定疑問　🔊1-50

肯定疑問に対しては，oui, non で答え，否定疑問に対しては，si, non で答える．
　　Parlez-vous anglais ?　　　　　　あなたは英語が話せますか．
　　— Oui, un peu.　　　　　　　　—はい，少し．
　　— Non, je ne parle pas anglais.　—いいえ，話せません．

Est-ce que vous *ne* parlez *pas* japonais ? あなたは日本語がしゃべれないのですか．

— *Si*, je parle japonais. —いいえ，しゃべれますよ．
— *Non*, je ne parle pas japonais. —はい，しゃべれません．

否定疑問の倒置形：**ne** 動詞-主語人称代名詞 **pas** … ?

*N'*êtes-vous *pas* japonais ? あなたは日本人ではないのですか．
— *Non*, je *ne* suis *pas* japonais, je suis chinois. —はい，日本人ではなく，中国人です．

Est-ce qu'il *n'*y a *pas* de crayons sur la table ? 机の上に鉛筆はありませんか．
— *Si*, il y en a deux. —いいえ，2本あります．

§24 疑問形容詞 quel 1-51

	単数 *s.*	複数 *pl.*
男性 *m.*	**quel** [kεl]	**quels** [kεl]
女性 *f.*	**quelle** [kεl]	**quelles** [kεl]

Quelle heure est-il maintenant ? 今何時ですか．
— Il est 8 heures 10. —8時10分です．
Quel âge as-tu ? 君はいくつ．
— J'ai dix-neuf ans. —19歳です．
　　　[diznœvɑ̃ ディズヌヴァン]
Quelles sont ces fleurs ? これは何の花ですか．
— Ce sont des chrysanthèmes. —菊です．
　　　[krizɑ̃tεm クリザンテム]

・疑問形容詞 **quel** は英語の what と同じく，
quel＋名詞…？のように，名詞につく付加形容詞として用いられる場合と，
quel＋être＋主語？のように，属詞として用いられる場合がある．

・感嘆詞としても用いられる．
C'est ta maison ? *Quelle* belle maison tu as ! これ君の家だって．すごい家だね．

§25 疑問代名詞 *pronom interrogatif* 🔘1-52

	主　語	直接目的補語・属詞	間接目的補語・状況補語
人	**Qui** **Qui est-ce qui**	**Qui**（＋倒置形） **Qui est-ce que**	前置詞＋**qui**（＋倒置形） 前置詞＋**qui est-ce que**
物	**Qu'est-ce qui**	**Que**（＋倒置形） **Qu'est-ce que**	前置詞＋**quoi**（＋倒置形） 前置詞＋**quoi est-ce que**

Qui est à l'appareil ? （電話で）どなたですか．
Qui est-ce qui est à l'appareil ?
— C'est moi, c'est Brigitte. —私，ブリジットよ．

Qui cherches-tu ? 誰を探しているの．
Qui est-ce que tu cherches ?
— Martin. (Je cherche Martin.) —マルタンを探している．

Qui est Mme Lemoine ? ルモワーヌさんて誰ですか．
— C'est notre professeur. —われわれの先生です．

Avec qui dansez-vous ? 誰と踊るの．
— Avec Nicole. —ニコルと．

Tu as mauvaise mine, *qu'est-ce qui* t'arrive ? 顔色が悪いね，どうしたの．

Que cherches-tu ? 何を探しているの．
Qu'est-ce que tu cherches ?
— Je cherche mon smartphone. —スマホを探している．

Qu'est-ce que c'est ? それは何ですか．
— C'est du tofu, de la pâte de soja. —豆腐，大豆のペーストです．

Avec quoi est-ce que vous mangez le riz ? 何でご飯を食べますか．
— Avec des baguettes. —お箸で．

☆quoi は que の強勢形．会話体でよく使われる．
    C'est *quoi* ? / *Quoi* ? （それは）何？
    Quoi de neuf ? — Rien. 何か変わったことは？ ―何も．

§ 26 基数詞 11〜20 1-53

11	**onze**	[ɔ̃:z]	16	**seize**	[sɛ:z]
12	**douze**	[du:z]	17	**dix-sept**	[dis(s)ɛt]
13	**treize**	[trɛ:z]	18	**dix-huit**	[dizɥit]
14	**quatorze**	[katɔ:rz]	19	**dix-neuf**	[diznœf]
15	**quinze**	[kɛ̃:z]	20	**vingt**	[vɛ̃]

綴り字の読み方 その3 半母音 1-54

ill	[ij ィユ]	fille	[fij フィーユ]	娘，女の子
		famille	[famij ファミーユ]	家族
ただし [il] となることもある．		ville	[vil ヴィル]	町
ail (l)	[aj ァィユ]	travail	[travaj トラヴァィユ]	仕事，勉強
eil (l)	[ɛj ェィユ]	soleil	[sɔlɛj ソレィユ]	太陽
tion	[sjɔ̃ シオン]	nation	[nasjɔ̃ ナシオン]	国民
s のあとでは	[tjɔ̃ チオン]	question	[kɛstjɔ̃ ケスチオン]	質問，問題
i＋母音字	[j]	cahier	[kaje カィエ]	ノート
u＋母音字	[ɥ]	huit	[ɥit ユィット]	8
ou＋母音字	[w]	oui	[wi ウィ]	はい

曜日 1-55

lundi	[lœ̃di]	月曜日，	mardi	[mardi]	火曜日，
mercredi	[mɛrkrədi]	水曜日，	jeudi	[ʒødi]	木曜日，
vendredi	[vɑ̃drədi]	金曜日，	samedi	[samdi]	土曜日，
dimanche	[dimɑ̃:ʃ]	日曜日			

曜日に定冠詞をつけると「毎週その曜日に」の意味になる．

    Je vais voir un film *vendredi*. 映画を（この）金曜日に見にいく．
    Nous avons la classe de français *le lundi*. フランス語のクラスは（毎週）月曜にある．

自習問題

次の文の（　）内に，疑問形容詞を入れなさい．　1-56

1. (　　) est votre nom ?
 — Fujiwara, F-U-J-I-W-A-R-A.
2. (　　) films aimez-vous ?
 — J'aime les films d'horreur.
3. De (　　) couleur est ta nouvelle robe ?
 — Elle est rose.
4. (　　) jour est-ce aujourd'hui ?
 — C'est mardi.

Exercices

1. 次の文の（　）内に，文末に示す動詞を活用変化させて入れ，訳しなさい．

 1. Tu ne (　　) pas ton examen d'anglais : tu ne travailles pas beaucoup. (réussir)
 2. Les feuilles (　　) et (　　) en automne. C'est très beau. (jaunir, rougir)
 3. Vous (　　) bien avant de répondre. (réfléchir)

2. 例にならって，下線の語を目的補語人称代名詞または中性代名詞 en でうけて書き直し，訳しなさい．　1-57

 ex. Voilà une jolie cravate. Nous choisissons <u>cette cravate pour</u> notre père.
 → Nous *la* choisissons pour notre père.
 1. Alice a un examen de français demain. Elle prépare <u>cet examen</u> ce soir.
 2. J'emprunte ce livre à la bibliothèque. Je cherche <u>ce livre</u> depuis longtemps.
 3. Lucien aime les fruits. Il mange <u>des fruits</u> après le repas.
 4. Olivier est méchant. Je n'invite pas <u>Olivier</u> ce soir.
 5. Il y a des tomates mûres. J'achète* un kilo <u>de ces tomates</u>.

 (* acheter → p. 52, § 40)

3. (　) 内に適当な疑問代名詞を入れなさい．

 1. (　　) cherches-tu ? — Une jeune fille pour garder le bébé.
 2. (　　) il y a dans le frigo ? — Il y a de la viande, des légumes et du lait.
 3. Avec (　　) habitez-vous ? — Avec mes parents.
 4. (　　) vous pratiquez comme sport ? — La natation.

4. 次の文を en を用いてフランス語に訳しなさい．

1. エレーヌ (Hélène) はチーズが好きです．食事の最後に食べます．（チーズ：fromage，〜の最後に：à la fin de 〜）
2. あなたには姉妹がいますか．ーええ，2人います．
3. 金を持ってるかい．ーいや，持ってない．

---

e の読み方 🔊1-58

　日常よく見慣れた MENU という単語はフランス語ですが，発音はメニューでなくてムニュ [məny] になります．よく知られた音楽家ドビュッシーはフランス人ですが，綴りは Debussy で，フランス語の音により忠実なカタカナ表記をするならドゥビュッシーとでもなりましょうか，デビュッシーとは読みません．こんなふうにフランス語では e があってもエ ([e / ɛ]) とは読まず，ウ ([ə]) となったり，Madame マダム [madam] の語尾のようにまったく発音されなかったりします．すでに習った単語でも le, de, ne などをついレ，デ，ネなどと読んで教室で直されている人も多いでしょう．この e の読み方にはちゃんとしたルールがあってそれに慣れさえすれば，ずっと楽になります．ごく簡単な e の読み方のルールとその基本となる音節の切り方を覚えましょう．

1. 〈-子音＋e-〉の音節（開音節：母音字で終る音節）の e
　　[ゼロ] または [ə]．つまり読まないか，軽い [ウ] になるかで，[エ] とは読まない．
　　　menu (me-nu) [məny ムニュ], madame (ma-da-me) [madam マダム], appeler (ap-pe-ler) [aple アプレ] 呼ぶ，le [lə ル]（定冠詞）
　　とくに2音節以上の単語の語尾の e は読まない．

2. 〈-子音＋e＋子音 (m, n 以外*)-〉の音節（閉音節：子音字で終る音節）内の e
　　[e, ɛ] [子音＋エ]
　　　nez [ne ネ] 鼻，merci (mer-ci) [mɛrsi メルシ] ありがとう，Angleterre (an-gle-ter-re) [ɑ̃glətɛːr アングルテール] イギリス，イングランド，descendre (des-cen-dre) [desɑ̃dr デサンドル] おりる
　　　* -en, -em が [ɑ̃ アン] と鼻母音になるのは前に述べたとおりです（→ p.5 IV）．

・音節の切り方の基本
① ひとつの母音で1音節になる．
② 原則として子音字は後の母音と音節をつくる．me-nu（上記1）
③ 子音字が2つ続く場合は，子音字の間で切る．
　　mer-ci
④ ch, ph, gn, th は1つの音となり，間では切らない．また，〈子音字 (l, r 以外)＋l, r〉の間では切らない．
　　An-gle-ter-re, mer-cre-di [mɛrkrədi メルクルディ] 水曜日，
　　Ca-the-ri-ne [katrin カトリーヌ] カトリーヌ

フランス語の基本文型

Ⅰ　主語 S＋動詞（自動詞）V

　Françoise danse.
　‾‾S‾‾‾‾ ‾V‾
　フランソワーズは踊っている．

Ⅱ　主語 S＋動詞（自動詞）V＋属詞 A

　« Les misérables » est un roman français.
　‾‾‾‾‾‾S‾‾‾‾‾‾‾ ‾V‾ ‾‾‾‾‾A‾‾‾‾‾
　『レミゼラブル』はフランスの小説です．

Ⅲ　主語 S＋動詞（他動詞）V＋直接目的補語 OD

　Elle aime la musique.
　‾S‾ ‾V‾ ‾‾OD‾‾
　彼女は音楽が好きだ．（音楽を好む）

Ⅳ　主語 S＋動詞（自動詞 / 間接他動詞）V＋間接目的補語 OI

　Françoise téléphone à ses parents.
　‾‾‾S‾‾‾ ‾‾V‾‾ ‾‾‾OI‾‾‾
　フランソワーズは両親に電話する．

Ⅴ　主語 S＋動詞（他動詞）V＋直接目的補語 OD＋間接目的補語 OI

　Je prête mon vélo à Jean.
　‾S‾ ‾V‾ ‾‾OD‾‾ ‾OI‾
　私は私の自転車をジャンに貸します．

Ⅵ　主語 S＋動詞（他動詞）V＋直接目的補語 OD＋属詞 A

　Françoise trouve son chat mignon.
　‾‾‾S‾‾‾ ‾V‾ ‾‾OD‾‾ ‾A‾
　フランソワーズは自分の猫を可愛いと思う．

以上の基本文型に《状況補語》をつけて文を展開する．

フランス語の文法用語

属詞　attribut (A)　…英文法でいう「補語」のことです．主格補語，目的格補語の区別はせずいずれもたんに「属詞」という．

目的補語　complément d'objet　…英文法でいう「目的語」のことです．

直接目的補語　complément d'objet direct (OD)　…前置詞を介さないで動詞の目的語になるもの．

間接目的補語　complément d'objet indirect (OI)　…前置詞(主として à)を介して動詞の目的語になるもの．

目的補語人称代名詞　…直接・間接目的語となる補語人称代名詞．

状況補語　…場所，時，様態，理由，手段，目的，条件などの状況を表わし，基本文型の展開をする語句で，英語の副詞，副詞句にあたる．

Leçon 5 (cinq)

§ 27 aller, venir の直説法現在

aller [ale] 行く 🔊 1-59

je	**vais**	[ʒə vɛ]	nous	**allons**	[nuzalɔ̃]
tu	**vas**	[ty va]	vous	**allez**	[vuzale]
il	**va**	[il va]	ils	**vont**	[il vɔ̃]
elle	**va**	[ɛl va]	elles	**vont**	[ɛl vɔ̃]

倒置した場合，3人称単数は，va-t-il, va-t-elle [vatil] [vatɛl] となる．

Tu *vas* au cinéma ce soir ? 今夜映画に行くの？
— Non, je *vais* au concert. —いや，コンサートに行くんだ．
Comment *allez*-vous ? お元気ですか？
— Je *vais* très bien, merci, et vous ? —元気です，ありがとう．あなたは？
— Très bien, merci. —元気です，ありがとう．

aller＋不定詞
1. 目的：～しに行く．
2. 近い未来：～するところだ，もうすぐ～する．

Nous *allons travailler* à la bibliothèque. 私たちは図書館に勉強に行く．
Tu es prête ? Le train *va arriver* à Paris. 支度はできているか？列車はもうパリに着くよ．

☆不定詞にかかる目的補語人称代名詞は，その不定詞の直前におく．

Je finis ce roman. Je *vais le prêter* à Louise. この小説は読み終える．ルイーズに貸してやるんだ．

venir [vəniːr] 来る 🔊 1-60

je	**viens**	[ʒə vjɛ̃]	nous	**venons**	[nu v(ə)nɔ̃]
tu	**viens**	[ty vjɛ̃]	vous	**venez**	[vu v(ə)ne]
il	**vient**	[il vjɛ̃]	ils	**viennent**	[il vjɛn]
elle	**vient**	[ɛl vjɛ̃]	elles	**viennent**	[ɛl vjɛn]

Vous *venez* chez nous ? À quelle heure ?　　　私たちのところに来ますか？　何時に？
　— Je *viens** vers quatre heures.　　　—4時頃にうかがいます．
　　＊話題になっている場所に行くときは aller ではなく venir.
Tu viens au cinéma ce soir ?　　　今夜，映画に来る？
　— Oui, pourquoi pas.　　　ああ，それはいいね．
Ah, c'est bon !　　　ああうまい．
　— Tu trouves ? Ce thé *vient* de Ceylan.　　　—そう思うかい．この紅茶はセイロンのだ．

| **venir de ＋不定詞** |　近い過去：〜したところだ，さっき〜した．

Vous tombez bien. Nous *venons de finir* nos devoirs.　　　ちょうどよかった．私たちは今宿題を終えたところです．

cf. | **venir ＋不定詞** |　目的：〜しに来る．

Je *viens vous voir* demain.　　　明日お目にかかりに参ります．

§28　名詞・形容詞の複数形　 1-61

名詞の複数形
(1) 原則：**単数形＋s**　blouson → blouson*s*　ブルゾン（→ p. 7, §1）
(2) 単数形が 〜**s**, 〜**x**, 〜**z** で終わる名詞は不変．
　　un pois [œ̃ pwa] → des pois　えんどう豆
(3) -eau → -eau**x** [-o]
　　un gâteau → des gâteau*x* [gato]　ケーキ
(4) -al [-al] → -**aux** [-o]
　　un journal [ʒurnal] → des journ*aux* [ʒurno]　新聞

形容詞の複数形
(1) 形容詞の男性形の複数は，原則として名詞の場合と同じ．
　　grand → grand*s* 大きい，　gros → gros 太い，　beau → beau*x* 美しい，
　　social [sɔsjal] → soci*aux* [sosjo] 社会の
(2) 女性形の複数はすべて **-es** となる．

	単数 *s.*	複数 *pl.*
男性 *m.*	social	→ sociaux
	↓	
女性 *f.*	sociale	→ sociales

辞書の見出し語では，grand(*e*) のように女性形を示し，男性複数形が不規則な場合は social(*ale*)（男複 soci*aux*）などと表示される．

§29 形容詞の女性形 ◎1-62

(1) 原則：男性形＋**e**　grand → grand*e*　大きい（→ p. 10, §5）
(2) 男性形の語尾が -e で終わるものは不変．rouge → rouge　赤い
(3) 語尾の子音字を重ねて e をつけるもの．

　　naturel → naturel*le*　自然な，　bas [bɑ] → bas*se* [bɑs]　低い
　　parisien [parizjɛ̃] → parisien*ne* [parizjɛn]　パリの

(4) -er → **-ère**
　 -eux → **-euse**
　 -f → **-ve**

　　lég*er* → lég*ère* 軽い，sérieu*x* → sérieu*se* 真面目な，acti*f* → acti*ve* 活発な

(5) その他独自の女性形をもつもの．

　　long [lɔ̃] → lon*gue* [lɔ̃g]　長い，blanc [blɑ̃] → blan*che* [blɑ̃ʃ]　白い，
　　frais [frɛ] → fra*îche* [frɛʃ]　新鮮な，涼しい，冷たい

(6) beau, nouveau, vieux, などは男性形を2つもつ．男性第2形は母音または無音のhで始まる男性単数名詞の前で用い，女性形は男性第2形からつくる．

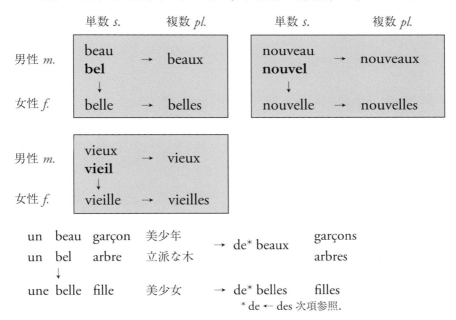

	単数 *s.*	複数 *pl.*		単数 *s.*	複数 *pl.*
男性 *m.*	beau / **bel**	beaux		nouveau / **nouvel**	nouveaux
女性 *f.*	belle	belles		nouvelle	nouvelles
男性 *m.*	vieux / **vieil**	vieux
女性 *f.*	vieille	vieilles

```
un  beau  garçon   美少年        → de* beaux    garçons
un  bel   arbre    立派な木                      arbres
↓
une belle fille    美少女        → de* belles   filles
                                    * de ← des 次項参照．
```

§30 名詞と形容詞の語順 ◎1-63

(1) 名詞＋形容詞がふつう（→ p. 10, §5, 1）

　　　une table ronde　円卓，　les arts plastiques　造形芸術

(2) 日常よく使われる 2 音節以下の次のような形容詞は名詞の前におかれる．
　　　bon, mauvais, petit, grand, jeune, nouveau, vieux, ancien, joli など
　　　un bon film　いい映画, une petite fille　女の子, les jeunes gens　若者
　☆位置によって意味の変わる形容詞がある．
　　　{ un garçon pauvre　　貧しい少年　　{ un homme grand　　背の高い人
　　　{ un pauvre garçon　　かわいそうな少年　{ un grand homme　　偉人

　　　des → de　　複数不定冠詞 des の後に形容詞＋名詞が続くとき，原則として
　　　　　　　　　des は de になる．（定冠詞は変わらない）
　　　de bons films　いい映画
　　　cf. des films italiens　イタリア映画

自習問題

1. 次の文を指示にしたがって書き直しなさい．　1-64
   1. Le métro arrive au terminus.（近い未来）
   2. Vous rentrez de* vacances.（近い過去）
       *前置詞 de に続く冠詞の des, du, de la は省略される．
   3. Je finis mes devoirs.（近い過去）
   4. Ils dînent au restaurant.（近い未来）

2. 右の欄の名詞に左の欄と同じ形容詞をつけなさい．　1-65
   1. une étudiante sérieuse → un étudiant _____
   2. le journal quotidien → la vie _____
   3. la sécurité sociale → les problèmes _____
   4. un vieux monsieur → une _____ dame
   5. une belle fille → un _____ garçon

Exercices

1. 次の各語群を単数形は複数形に，複数形は単数形に直しなさい． 🎧1-66
   1. des questions difficiles →
   2. un nouvel hôtel →
   3. des étudiants paresseux →
   4. un animal domestique →

2. 次の文の（ ）内に，文末に指示する動詞を活用変化して入れ，訳しなさい．
   1. Où (   )-vous en vacances ? — Nous (   ) au bord de la mer. (aller)
   2. Les enfants (   ) me voir le week-end. (venir)
   3. D'où (   )-vous ? — Je (   ) de Nagano. (venir)
   4. Le matin, mon père (   ) à sept heures, mais Gilles et moi, nous
      (   ) à huit heures. (partir)
   5. Vous m'(   ) où ? — Je vous (   ) devant le cinéma. (attendre)
   6. Tout le monde (   ) au terminus. (descendre)

3. 次の文をフランス語に訳しなさい．
   1. わたしたち、明日の晩はコンサートに行くけど、来ない？ —ああ、行く行く．
   2. ソフィ（Sophie）は彼女の家で君を待っています．
   3. 教授は学生に水曜の午後面接します．（面接する：recevoir, 水曜日：mercredi　曜日 → p. 29 カコミ欄）

区別が大事　5つの［ゥ］　🎧1-67

　フランス語には日本語にない母音があり，しかも前方母音［ア a］と後方母音［ア ɑ］，広い［エ ɛ］と狭い［エ e］，広い［オ ɔ］と狭い［オ o］などがあって頭を抱えてしまいます．でも，これらの母音は区別できるに越したことはありませんが，区別できなくてもコミュニケーションにそんなに支障は生じないのです．

　ところが，日本語の［ゥ］に似た［u, y, ø, œ, ə］という5つの母音の区別は，意味の差が生じるため，非常に大事です．

　(i)［u］は日本語の［ゥ］よりもずっと唇を丸く（口笛が吹けるほどに）尖らせて発音します．
　sous［su スー］（英語の under の意）；pour［puːr プール］（英語の for の意）．

　(ii)［y］は唇を丸くひょっとこのように（口笛が吹けるほどに）尖らせ，そのまま［イ］と言ってみましょう．鋭く響く［ユ］に近い音が出るはずです．
　sur［syːr スュール］（英語の on の意）．

　(iii)［ø, œ］は同じ音の狭い音と広い音と考えて下さい．唇は［ゥ］の形にして，そのままで［エ］と発音します．広い［œ］は唇を［ア］に近くラッパか朝顔のように反らせて［ゥ］と言います．peur［pœːr プール］（恐れ）：［プール］と［パール］の中間のような音になります．
　狭い［ø］はそれがもっと狭く［ゥ］に近くなります．peu［pø プー］(few, little の意)

　(iv)［ə］は舌・唇の力を抜き弛緩させて，だらしなく［ゥ］と言います．日本人が「えーっと」と考えたり言いよどんだりするとき，フランス人はこの音［ə］か，延ばすと［ø］の音を出します．d, k, s... のような子音とくに無声音は，［də, kə, sə...］のようにこの母音を添えてはじめて，聞こえる軽い［ドゥ，ク，ス］といった音になります．息だけで発音するつもりで軽く発音します．

区別の練習をしてみましょう．

　［u］/［œ］　pour［puːr］/peur［pœːr］　　　cour「kuːr」/cœur［kœːr］
　「u」/［ø］　cou「ku」/queue［kø］　　　　fou「fu」/feu［f ø］
　「u」/［y］　sous［su］/sur［syːr］　　　　pour［puːr］/pur［pyːr］

「u」/［y］/［ø］/［œ］/［ə］
　　sous［su］/sur［syːr］/ceux［sø］/seul［sœl］/se［sə］
　　coup［ku］/cul［ky］/queue［kø］/cœur［k œːr］/que［kə］
　　doux［du］/du［dy］/deux［dø］/odeur［ɔdœːr］/de［də］
「u」/［y］/［ə］
　　tout［tu］/tu［ty］/te［tə］

Leçon 6 (six)

§ 31　partir, attendre, recevoir の直説法現在

partir [parti:r]　出発する，出かける　1-68

je	pars	[ʒə pa:r]	nous	partons	[nu partɔ̃]
tu	pars	[ty pa:r]	vous	partez	[vu parte]
il	part	[il pa:r]	ils	partent	[il part]
elle	part	[ɛl pa:r]	elles	partent	[ɛl part]

・同型のおもな動詞：sortir（外出する），dormir（眠る），servir（仕える）など.

Nous *partons* pour la France en avion.　　わたしたちは飛行機でフランスへ発ちます.

Vous ne *dormez* pas bien ?　　よく眠れないのですか.
— Si, je *dors* bien dans la classe.　　—いいえ，いつも教室でちゃんと眠っています.

attendre [atɑ̃dr]　待つ　1-69

j'	attends	[ʒatɑ̃]	nous	attendons	[nuzatɑ̃dɔ̃]
tu	attends	[ty atɑ̃]	vous	attendez	[vuzatɑ̃de]
il	attend	[ilatɑ̃]	ils	attendent	[ilzatɑ̃d]
elle	attend	[ɛlatɑ̃]	elles	attendent	[ɛlzatɑ̃d]

・同型のおもな動詞：descendre（降りる），perdre（失う）など.
ただし，prendre, atteindre, などはよく似た形だが活用は異なる（→ p. 42, § 35 および巻末動詞変化表 35）.

On va au cinéma ce soir ?　　今夜映画に行こうか（on → p. 71, § 54）.
— D'accord, je t'*attends* devant ton bureau à 6 heures. [sizœ:r]　　—いいわ，会社の前で6時に待ってるわ.

recevoir [rəs(ə)vwa:r]　受け取る　1-70

je	reçois	[ʒə rəswa]	nous	recevons	[nu rəsvɔ̃]
tu	reçois	[ty rəswa]	vous	recevez	[vu rəsve]
il	reçoit	[il rəswa]	ils	reçoivent	[il rəswav]
elle	reçoit	[ɛl rəswa]	elles	reçoivent	[ɛl rəswav]

- 同型のおもな動詞：apercevoir（認める）など．

Les ouvriers *reçoivent* leur salaire à la fin du mois. 　労働者は給料を月末に受け取る．

§32　間接目的補語となる人称代名詞　1-71

主　語	間接目的補語	主　語	間接目的補語
je	me (m')	nous	nous
tu	te (t')	vous	vous
il elle	lui	ils elles	leur

間接目的補語となる人称代名詞も動詞の前におく．

Jean-Luc aime Catherine. Il *lui* téléphone tous les jours. 　ジャン＝リュクはカトリーヌが好きだ．毎日彼女に電話している．
（← Il téléphone *à Catherine* tous les jours.）

Vous *me* donnez ces fleurs ? Comme vous êtes gentil ! 　このお花私にくださるの．あなたってやさしいのね．

- 3人称の間接目的補語人称代名詞は原則として人をうけ，à＋人に代わる．

§33　目的補語人称代名詞を並列する場合の語順　1-72

直接目的補語が3人称 (le, la, les) の場合には，直接目的補語と間接目的補語の人称代名詞を並列することができる．語順は間接目的補語の人称によってきまる．

a)　間接目的補語が1，2人称の場合

主語　(ne) ｜ me / te / nous / vous ｜ le / la / les ｜ 動詞　(pas)

b) 間接目的補語が3人称の場合

主語　(ne) ｜ le / la / les ｜ lui / leur ｜ 動詞　(pas)

Je te présente *ma sœur*. 　私は君に姉(妹)を紹介しよう．
→ Je te *la* présente.

Je montre *cette photo* à Marc. 　　　私はこの写真をマルクに見せる．
→ Je *la* montre à Marc.
→ Je la *lui* montre.

    N.B. 直接目的補語が 1・2 人称の補語人称代名詞である場合，間接目的補語の代名詞は〈à＋人称代名詞強勢形*〉となる．　　　* 次項参照．
    Je *te* présente *à elle*.　君を彼女に紹介しよう．

§ 34　人称代名詞強勢形　💿 1-73

je	**moi**	nous	**nous**
tu	**toi**	vous	**vous**
il	**lui**	ils	**eux**
elle	**elle**	elles	**elles**

(1) 強　調
    Tu sors？ *Moi*, je reste à la maison.　君は出かけるの？　私は家にいます．

(2) 属詞として
    Qui est là？ — C'est *moi*, Charles.　そこにいるのは誰だ？　—僕だ，シャルルだよ．

(3) 前置詞のあとで
    Aujourd'hui Camille ne sort pas avec *lui*.　今日カミーユは彼とは出かけません．
    Elle reste chez *elle*.　家にいます．

(4) 比較の que（＝than）の後で（比較については p. 62, §48）
    Louise est plus grande que *toi*.　ルイーズは君より背が高い．

人称代名詞一覧表　💿 1-74

主　語	直接目的補語	間接目的補語	強勢形
je	me (m')		**moi**
tu	te (t')		**toi**
il **elle**	le la　(l')	lui	**lui** **elle**
nous	nous		**nous**
vous	vous		**vous**
ils **elles**	les	leur	**eux** **elles**

§ 35　prendre, faire の直説法現在

prendre [prɑ̃:dr]　とる，乗る　🔊1-75

je	prends	[ʒə prɑ̃]	nous	prenons	[nu prənɔ̃]
tu	prends	[ty prɑ̃]	vous	prenez	[vu prəne]
il	prend	[il prɑ̃]	ils	prennent	[il prɛn]
elle	prend	[ɛl prɑ̃]	elles	prennent	[ɛl prɛn]

・同型のおもな動詞：apprendre（学ぶ），comprendre（理解する）など prendre に接頭語のついた動詞のすべて．

Vous *prenez* le bus ou le métro pour aller au musée ?　　美術館へはバス，それとも地下鉄で行きますか？

— Je *prends* le métro.　　—地下鉄で行きます．

faire [fɛ:r]　する，つくる　🔊1-76

je	fais	[ʒ(ə) fɛ]	nous	faisons	[nu f(ə)zɔ̃]
tu	fais	[ty fɛ]	vous	faites	[vu fɛt]
il	fait	[il fɛ]	ils	font	[il fɔ̃]
elle	fait	[ɛl fɛ]	elles	font	[ɛl fɔ̃]

1人称複数の発音に注意．

Qu'est-ce que vous *faites* cet après-midi ?　　きょう昼から何をしますか？

— Je vais *faire* les courses pour le dîner.　　—夕食の買物に行きます．

Trois et quatre *font* sept.　　3たす4は7．

・faire ＋不定詞　　使役；〜させる

Il *fait* construire une maison sur la colline.　　彼は丘の上に家を建てさせている．

Exercices

1. 下線の語を人称代名詞にして書き直し，訳しなさい． 🎧1-77
   1. Georgette n'habite pas avec ses parents. Elle téléphone <u>à ses parents</u> une fois par semaine.
   2. Georgette est une amie de Christophe. Ce soir, Christophe invite <u>Georgette</u> chez ses parents.
   3. Il présente <u>Georgette</u> <u>à ses parents</u>.
   4. Les parents sont très contents de connaître <u>Georgette</u>.
   5. Vous avez les photos des vacances ? Vous ne nous montrez pas <u>ces photos</u> ?

2. 次の文の（　）内に，文末に指示する動詞を活用変化して入れ，訳しなさい．
   1. (Au café) Qu'est-ce que vous (　　　　), Madame ? (prendre)
      — Un café au lait, s'il vous plaît.
   2. Qu'est-ce que vous (　　　　) dans la vie ? (faire) — Je suis journaliste.
   3. Qui (　　　　) la vaisselle ce soir ? (faire)
   4. Est-ce qu'ils (　　　　) français ? (parler)
      — Oui, ils l' (　　　　) depuis avril. (apprendre)

3. 次の文をフランス語に訳しなさい．
   1. 何と見事なバラでしょう．わたしに下さるの？　（感嘆文 → p.27, §24）
   2. わたしは遅れないようにタクシーに乗ります．(…する（しない）ために：pour + (ne pas +) 不定詞，遅れる：être en retard)
   3. 妻は金曜日に市場に買い物に行きます．（妻：ma femme, 市場：le marché）

Leçon 7 (sept)

§ 36　代名動詞　*verbe pronominal*

主語と同じ人，物・事柄を受ける直接目的補語あるいは間接目的補語の人称代名詞（**再帰代名詞**という）をともなう動詞を**代名動詞**という．

coucher（他動詞）「寝かす」→ **se coucher**（自分を寝かす→）「寝る」

se coucher　寝る　1-78

je	**me**	couche	nous	**nous**	couchons
tu	**te**	couches	vous	**vous**	couchez
il	**se**	couche	ils	**se**	couchent
elle	**se**	couche	elles	**se**	couchent

s'appeler　名前は…という　1-79

je	m'appelle	nous	**nous** appelons
tu	t'appelles	vous	**vous** appelez
il	s'appelle	ils	s'appellent
elle	s'appelle	elles	s'appellent

代名動詞の倒置形

est-ce que je me couche ?	nous couchons-nous ?
te couches-tu ?	vous couchez-vous ?
se couche-t-il ?	se couchent-ils ?
se couche-t-elle ?	se couchent-elles ?

用法

1. 再帰的用法　1-80

   （「再帰」とは動作の対象が主語自身となることを言う．再帰代名詞＝英語の oneself）

   Elle réveille *son mari.* → Elle *le* réveille. 彼（彼女の夫）を起こす．
   　→ Elle **se** *réveille.* 自分を起こす（目覚めさせる）→ 目を覚ます．（se＝直接目的）

   Elle lave les mains *à Pascal.* → Elle *lui* lave les mains*.　彼（パスカル）の手を洗う．
   　→ Elle **se** lave les mains. 自分の手を洗う．（se＝間接目的）

   ＊ フランス語では身体の部分の所有者を表わすとき，所有形容詞を使わず間接目的語の形で示すことが多い．その場合身体の部分には定冠詞がつく．

Moi, c'est Yannick. Comment *t'appelles*-tu ?　　ぼくヤニクだ．きみは？
　　　— Je *m'appelle* Monique.　　　　　　　　　—モニクよ．
　　　Je suis fatigué. Je vais *me** coucher.　　　　疲れた．もう寝るよ．
　　　Le matin, mon chat *se lève* tôt et il *se lave*　うちの猫は朝早く起きて，顔を洗う．
　　la figure.

　　　　* 再帰代名詞は不定詞形でも人称に応じて変化する．
　　　　　Je vais *me coucher*.　　　　私はもう寝ます．　　（aller＋不定詞）
　　　　　Nous venons de *nous lever*.　私たちは起きたところだ．（venir de＋不定詞）

2. 相互的用法　🔊1-81

　　　Étienne et Eva *s'aiment* : ils *se téléphonent*　エチエンヌとエヴァは愛しあってい
　　tous les soirs.　　　　　　　　　　　　　　　　る．毎晩電話で話している．

　　・主語は原則として複数．
　　　　Étienne aime *Eva*. ＋ Eva aime *Étienne*.
　　　　　→ Étienne et Eva (Ils) *s'aiment*.（se＝直接目的）
　　　　Étienne téléphone *à Eva*. ＋ Eva téléphone *à Étienne*.
　　　　　→ Étienne et Eva (Ils) *se téléphonent*.（se＝間接目的）
　　・相互性を強調するために l'un l'autre などをつけることがある．
　　　　Ils *s'aiment l'un l'autre*. Elles *s'aiment l'une l'autre*.
　　　　Ils *se téléphonent l'un à l'autre*. Elles *se téléphonent l'une à l'autre*.

3. 受動的用法（主語は無生物：再帰代名詞は直接目的補語）

　　　Ce modèle ne *se fabrique* plus aujourd'hui.　このモデルはもう今は製造されていません．

4. 本質的代名動詞（再帰代名詞は直接目的補語）　🔊1-82
　代名動詞の形しかないもの，あるいは本来の動詞とは独立した意味を持つもの．
　　　se souvenir de…　…を思い出す，se moquer de…　…を馬鹿にする，
　　　se servir de…　…を用いる，など．
　　　Je *me souviens* bien de cet événement.　　私はその出来事をよく憶えています．
　　　Nous *nous servons* de* baguettes pour　われわれはご飯を食べるのに箸を使
　　manger le riz.　　　　　　　　　　　　　　　う．

　　　　* 前置詞 de の後では de を含む冠詞（不定冠詞 des, 部分冠詞 du, de la）は省略される．

§37 命令法 *impératif* 🔊1-83

	regarder	aller	choisir
(tu)	regarde	va	choisis
(nous)	regardons	allons	choisissons
(vous)	regardez	allez	choisissez

- 第 1 群規則動詞，および aller, ouvrir などの命令法では，二人称単数形（直説法現在）の語尾の -s がおちる．
- 1 人称複数の命令法は英語の Let us 〜，Let's 〜 にあたる．

Regarde ! C'est Alain.　　　　　　　　見ろ．アランだ．
Partons tout de suite.　　　　　　　　すぐに出かけよう．
Allô, c'est bien M. Grangier ?　　　　　もしもし，グランジエさんですか．
— *Ne quittez pas*, s'il vous plaît. Je vous le passe.　　—お待ち下さい．今かわります．

être, avoir の命令法　🔊1-84

	être	avoir
(tu)	sois [swa]	aie [ɛ]
(nous)	soyons [swajɔ̃]	ayons [ɛjɔ̃]
(vous)	soyez [swaje]	ayez [ɛje]

命令文における目的補語人称代名詞の位置

(1) 肯定命令の場合は倒置し動詞の後におく．me は強勢形 moi となる．
　　Vous *me* donnez ce dictionnaire.
　　　→ Donnez-*moi* ce dictionnaire.　　　その辞書を下さい．

(2) 二重目的の場合．
　　命令法-直接目的（3 人称）-間接目的
　　Donnez-*le-moi*.
　　Montrez *ces photos à Isabelle*.　　これらの写真をイザベルに見せなさい．
　　　→ Montrez-*les-lui*.　　　　　　それらを彼女に見せなさい．

(3) 否定命令の場合は平叙文と同じ語順．
　　Ne *me les* montrez pas.　　　　　それを私に見せないで下さい．

代名動詞の命令文：肯定命令では再帰代名詞が倒置され，te は強勢形 toi となる．

1-85

se coucher	肯定命令	否定命令
(tu)	couche-toi	ne te couche pas
(nous)	couchons-nous	ne nous couchons pas
(vous)	couchez-vous	ne vous couchez pas

§38　関係代名詞 *pronom relatif* (1) **qui, que, où, dont**　1-86

qui：主格関係代名詞，先行詞は人または物・事柄．

Il y a beaucoup de jeunes **qui** *cherchent un emploi.*　職を探している若者が沢山いる．

Le pull **qui** *est dans la vitrine* me plaît beaucoup. (＜plaire, plaire à＋人　人の気に入る)　ウィンドーの中のセーターはとてもいいわ（私の気に入っている）．

que [qu']：直接目的格関係代名詞，先行詞は人または物・事柄．

Prenez le plat **que** *je vous recommande.*　私のすすめる料理をおとりなさい．

La jeune fille **qu'**il va nous présenter garde les enfants.　彼がこれから紹介してくれる娘さんが子供たちを見てくれる．

où：状況補語，先行詞は場所または時．

Voici le village **où** *nous allons passer les vacances.* (＝where)　これがわれわれがヴァカンスを過ごす村だ．

Choisissez d'abord le jour **où** *vous allez prendre l'avion.* (＝when)　まずあなたの飛行機に乗る日を選びなさい．

月の名　1-87

janvier	[ʒɑ̃vje]	1月	février	[fevrije]	2月	mars	[mars]	3月
avril	[avril]	4月	mai	[mɛ]	5月	juin	[ʒɥɛ̃]	6月
juillet	[ʒɥijɛ]	7月	août	[u, ut]	8月	septembre	[sɛptɑ̃:br]	9月
octobre	[ɔktɔ:br]	10月	novembre	[nɔvɑ̃:br]	11月	décembre	[desɑ̃:br]	12月

dont : 前置詞 de を含む関係代名詞，先行詞は人または物・事柄． 🎧1-88
〈de＋先行詞〉が関係節の〈主語，動詞，直接目的補語，属詞〉にかかる．
（英語の whose, of whom, of which などにあたる）

Fiona **dont** *les parents sont à l'étranger* habite chez M. Grenier.	両親が外国にいるフィオナはグルニエさんのうちに住んでいる．（関係節の主語にかかる．les parents *de Fiona*）
Je vous présente Fiona **dont** *je connais le père depuis longtemps.* (＜connaître p.74)	フィオナを紹介します，彼女の父親とはずっと前から知り合いなのです．（関係節の直接目的補語にかかる．le père *de Fiona*）
C'est le film **dont** *on parle beaucoup.*	それは今話題の映画です．（関係節の動詞にかかる．on parle *du film* : parler de ～　～について話す）
Elle traîne partout son chat **dont** *elle est fière.*	彼女はご自慢の猫をどこへでも連れて行く．（関係節の属詞にかかる．elle est fière *de son chat* : être fier de ～　～を自慢にする）

さまざまな否定のかたち 🎧1-89

ne ～ plus もう…ない，もはや…ない
　Il *n'est plus* jeune. 　　　　　　　　　　　彼はもう若くはない．
　Il *n'y a plus de* bière dans le frigo. 　　冷蔵庫にもうビールはない．

ne ～ jamais 決して…ない (never)
　Tu ne réussis pas tes examens : tu *ne* travailles *jamais*.
　　　　　　　　　試験に受からないよ，ちっとも勉強しないんだから．

ne ～ que … …しかない，…だけだ（que 以下に限定する表現．否定文ではない．）
　Cette école *n'a que* 550 élèves au total.
　　　　　　　　　その学校には全部で 550 人の生徒しかいない．
　Je *ne* mens *jamais*. 　Je *n'aime que* toi.
　　　　　　　　　絶対に嘘はつかない．君だけが好きなんだ．

ne ～ plus que … もはや…しかない（ne ～ plus と ne ～ que の組み合わせ）
　Il *ne* me reste *plus que* 2000 yens. 　　もう 2000 円しか残っていない．

§ 39　基数詞 21〜1000　 ◎1-90

21	vingt et un (une)	62	soixante-deux
	[vɛ̃te œ̃ (yn)]		……
22	vingt-deux [vɛ̃t dø]	69	soixante-neuf
23	vingt-trois	70	soixante-dix
24	vingt-quatre	71	soixante et onze
25	vingt-cinq		[swasɑ̃te ɔ̃ːz]
26	vingt-six	72	soixante-douze
27	vingt-sept		……
28	vingt-huit	77	soixante-dix-sept
29	vingt-neuf	78	soixante-dix-huit
30	trente [trɑ̃ːt]	79	soixante-dix-neuf
31	trente et un (une)	80	quatre-vingts
	[trɑ̃te œ̃ (yn)]		[katrəvɛ̃]
32	trente-deux	81	quatre-vingt-un (une)
	……		[katrəvɛ̃ œ̃ (yn)]
40	quarante [karɑ̃ːt]	82	quatre-vingt-deux [katrəvɛ̃dø]
41	quarante et un (une)		……
42	quarante-deux	90	quatre-vingt-dix
	……	91	quatre-vingt-onze
50	cinquante [sɛ̃kɑ̃ːt]		[katrəvɛ̃ ɔ̃ːz]
51	cinquante et un (une)		……
52	cinquante-deux	99	quatre-vingt-dix-neuf
	……	100	cent
60	soixante [swasɑ̃ːt]	101	cent un (une)
61	soixante et un (une)		……

　　　　200　deux cents　……　1 000　mille

N.B.　・22〜29 は vingt の t は軽く発音する．80 代 90 代に含まれる -vingt- の t は発音しない．
　　　・80 quatre-vingts は端数がつくと -s をつけない．　88 quatre-vingt-huit [katrəvɛ̃ɥit]
　　　・200, 300 …deux cents, trois cents… もつぎに端数 1〜99 がつづけば cent に -s をつけない．
　　　　201 deux cent un
　　　・21, 31, …71 は vingt‿et un, trente‿et un, …soixante‿et onze と et が入り，先行の数詞を
　　　　リエゾン，アンシェヌマンをするが 81, 91 は quatre-vingt-un, quatre-vingt-onze で et は入
　　　　らない．また quatre-vingt- は次の端数とリエゾンしない．
　　　・1999 mil neuf cent quatre-vingt-dix-neuf, dix neuf cent quatre-vingt-dix-neuf.
　　　　年号の場合だけ mille は mil と書く．英語のように cent を省略することはない．
　　　　2020 年 l'an deux mille vingt

Exercices

1. 次の文の（　）内に，文末に示す動詞を適当な形に活用変化させて入れ，訳しなさい．
   1. À quelle heure est-ce que tu (　　　) ? — Je (　　　) à sept heures. (se lever)
   2. Comment (　　　)-vous ? — Je (　　　) Yoshio Yamada. (s'appeler)
   3. Après la visite du musée, ils (　　　) à la gare en taxi. (se rendre)
   4. Nous allons (　　　) à la fin de la page. (s'arrêter)
   5. (Au café) Qu'est-ce que vous (　　　) ? — Un café au lait. (prendre)
   6. Qu'est-ce que vous (　　　) dans la vie ? — Je suis journaliste. (faire)
   7. Est-ce qu'ils (　　　) français ? (parler) — Oui, un peu. Ils l'(　　　) depuis avril. (apprendre)

2. 次の文の（　）内に，文末に示す動詞を命令法に変化させて入れ，訳しなさい．
   1. (　　　) vite ! Tu vas être en retard à l'école. (se lever)
   2. Tu as soif ? Moi aussi. (　　　) au café. (aller, 1人称複数)
   3. Tu marches trop vite. Ne (　　　) pas si vite. (marcher)
   4. (　　　), le train va partir. (se dépêcher, 2人称複数)
   5. Vous allez partir ? (　　　) votre parapluie. (prendre)

3. 次の文の（　）内に，適当な関係代名詞を入れ，訳しなさい．
   1. Regardez le monsieur (　　　) est devant la vitrine.
   2. Voilà l'école (　　　) Mme Dedieu travaille.
   3. La dame (　　　) vous parlez est la mère de Marguerite.
   4. Le train (　　　) vous allez prendre est en retard de dix minutes.
   5. Hervé et Laure habitent un appartement (　　　) le loyer n'est pas cher.

4. 次の文をフランス語に訳しなさい．
   1. ベッドの上にいる猫はミネ (Minet) という名前です．（ベッド：lit）
   2. 彼女の乗る電車は遅れている．（遅れる：être en retard）
   3. ほら，あなたが必要としている本です．（人が〜を必要とする：avoir besoin de＋名詞）
   4. 私の祖母は5時に起きて公園を散歩する．
      （祖母：grand-mère，散歩する：se promener，公園：le parc）

関係代名詞について

　知り合いの中学生に「関係代名詞ってなに」と質問されたら，どう説明しますか．「二つの文章を結びつけるのに...」などと言い出しては見たものの，すっきり説明できない人が案外多いのではありませんか．
　二つの文章を結びつけるのはなにも関係代名詞だけではありません．そうではなくて，関係代名詞は名詞を文章の形で形容するために必要なものです．
　ご存じのように，名詞を修飾(形容)するものは形容詞です．

　　une *belle* maison　　　　きれいな家
　　un livre *intéressant*　　おもしろい本

　この名詞をさらに詳しく説明しようとすると，形容詞をいくつも重ねたり，形容詞をさらに副詞で修飾することになります．

　　une *belle* maison *blanche récemment repeinte*
　　塗り替えられたばかりの美しい白い家

　しかし形容詞や副詞をいくら重ねたところで説明できることは限られています．詳しく説明しようとすれば，どうしても文章の形で名詞を説明(形容)したくなったり，しなければならなくなったりするでしょう．日本語ではそのとき動詞などの連体形という便利なものがありますが，フランス語では名詞に文章(主語＋述語)の形を持った修飾部分つまり形容詞節を結びつけようとすると，その間に接着剤の役割をする単語が必要になります．それが関係代名詞なのです．そのとき，修飾される名詞は必ず修飾するほうの形容詞節より前にあるので「先行詞」と言われることは，英語の場合と同じです．フランス語の場合，名詞を形容詞で修飾するときも，〈名詞＋形容詞〉の語順になるほうが普通なので，この形容詞が形容詞節に変わり，〈名詞＋形容詞節(＝関係節)〉となると考えればいいのです．
　いま述べたことを日本語とフランス語で比べてみると，次のようになります．

(1) 〈窓際の机の上にある〉本
(2) 〈さっき私が駅前の本屋で買った〉本
(1) le livre *qui* est sur la table près de la fenêtre
(2) le livre *que* je viens d'acheter à la librairie devant la gare

　この二つの例文の場合，フランス語に直すと，「本」が関係代名詞で導かれる文(関係節)の先行詞，と言うことになります．ところで (1), (2) の修飾部分を比べてみれば，「本」は (1) では修飾部分の主語(本は...にある)になっており，(2) では直接目的(...で本を買う)に当たっていることはすぐにわかるでしょう．そこで，qui (＝主格)，que (＝直接目的格) が使いわけられているのです．
　このようにフランス語の関係代名詞は，英語のように先行詞の人・物の区別ではなく，主語・直接目的補語 / 属詞といった文中での機能によって使い分けられます．またフランス語では英語のように，関係代名詞が省略されたりすることはありません．

Leçon 8 (huit)

§ 40　appeler, acheter, préférer の直説法現在

第 1 群規則動詞のうち不定詞の語尾が -e ＋子音＋er となる動詞は，発音の関係で，通常の変化とは異なる．

appeler [aple]　呼ぶ，名づける　2-1

j'appelle [ʒapɛl]	nous appelons [nuzapl(ə)ɔ̃]
tu appelles [tyapɛl]	vous appelez [vuzaple]
il appelle [ilapɛl]	ils appellent [ilzapɛl]
elle appelle [ɛlapɛl]	elles appellent [ɛlzapɛl]

j'ap-pel-le [-pɛl-], nous ap-pe-lons [-p(ə)-]：nous, vous 以外の活用では -ll- となる．

acheter [aʃəte]　買う　2-2

j'achète [ʒaʃɛt]	nous achetons [nuzaʃt(ə)ɔ̃]
tu achètes [ty aʃɛt]	vous achetez [vuzaʃt(ə)e]
il achète [ilaʃɛt]	ils achètent [ilzaʃɛt]
elle achète [ɛlaʃɛt]	elles achètent [ɛlzaʃɛt]

nous, vous 以外の活用では -è- とアクサングラーヴがつく．

préférer [prefere]　…の方を好む　2-3

je préfère [ʒə prefɛːr]	nous préférons [nu preferɔ̃]
tu préfères [ty prefɛːr]	vous préférez [vu prefere]
il préfère [il prefɛːr]	ils préfèrent [il prefɛːr]
elle préfère [ɛl prefɛːr]	elles préfèrent [ɛl prefɛːr]

nous, vous 以外の活用では -è- とアクサングラーヴに変わる．

Béatrice *appelle* son chat Minet.　ベアトリスは自分の猫をミネとよんでいる．

Combien *pesez*-vous ? — Je *pèse* 50 (cinquante) kilos. (＜peser)　体重はいくらですか？　—50 キロです．

Vous *achetez* ce joli bracelet pour qui ? — Je l'*achète* pour Julie.　そのすてきなブレスレットを誰に買うのですか？　—ジュリーに買うのです．

Vous *préférez* le thé ou le café ?　　　紅茶かコーヒーのどちらがお好きですか？
　　　— Je *préfère* le café au thé.　　　　　―私は紅茶よりコーヒーの方が好きです．

§ 41　過去分詞 *participe passé* 🎧2-4
過去分詞の形
- 第 1 群規則動詞および aller：不定詞の語尾 -er → **-é**
  　　chanter → chanté, aimer → aimé…, aller → allé
- finir など第 2 群規則動詞，partir など -ir で終わる不規則動詞の一部：-ir → **-i**
  　　finir → fini, partir → parti
- その他の不規則動詞の過去分詞は個々に覚える必要がある．
- これまでに習った主な動詞の過去分詞
  　　être → été, avoir → eu [y], venir → venu, attendre → attendu,
  　　recevoir → reçu, prendre → pris, faire → fait.
  　　◆ 巻末の動詞変化表では，不定形，分詞形の枠に現在分詞，過去分詞が示されている．

§ 42　直説法複合過去 *passé composé de l'indicatif*

> 助動詞 (avoir / être) の直説法現在 ＋ 過去分詞

(1) 助動詞 avoir の場合　🎧2-5

chanter

j'ai chanté	nous avons chanté
tu as chanté	vous avez chanté
il a chanté	ils ont chanté
elle a chanté	elles ont chanté

- すべての他動詞と大部分の自動詞は，助動詞に avoir を用いる．

　　　　　否定形　　　　　　　　　　　　　倒置形
　　　je n'ai pas chanté　　　　　est-ce que j'ai chanté ?*
　　　tu n'as pas chanté　　　　　　　　as-tu chanté ?
　　　il n'a pas chanté　　　　　　　　　a-t-il chanté ?
　　　elle n'a pas chanté　　　　　　　　a-t-elle chanté ?
　　nous n'avons pas chanté　　　　　avons-nous chanté ?
　　vous n'avez pas chanté　　　　　　avez-vous chanté ?
　　　ils n'ont pas chanté　　　　　　　ont-ils chanté ?
　　elles n'ont pas chanté　　　　　　ont-elles chanté ?
　　　　　　　　　　　　　　　　　　　　　* ai-je chanté ?
　　　　否定形の倒置疑問　　N'as-tu pas chanté ?

(2) 助動詞 être の場合　2-6

aller

je suis allé(e)	nous sommes allé(e)s
tu es allé(e)	vous êtes allé(e)(s)
il est allé	ils sont allés
elle est allée	elles sont allées

否定形

je ne suis pas allé(e)
tu n'es pas allé(e)
il n'est pas allé
elle n'est pas allée
nous ne sommes pas allé(e)s
vous n'êtes pas allé(e)(s)
ils ne sont pas allés
elles ne sont pas allées

倒置形

est-ce que je suis allé(e)*
es-tu allé(e) ?
est-il allé ?
est-elle allée ?
sommes-nous allé(e)s ?
êtes-vous allé(e)(s) ?
sont-ils allés ?
sont-elles allées ?

* suis-je allé(e) ?

否定形の倒置疑問　N'êtes-vous pas allé en France ?

・場所の移動および状態の変化を表わすいくつかの自動詞（往来発着の自動詞）は助動詞に être を用いる．
・助動詞が être の場合，過去分詞は主語の性・数に一致する．

> aller (allé) 行く，venir (venu) 来る，partir (parti) 出発する，arriver 到着する，entrer 入る，sortir (sorti) 出る，monter 上る，descendre (descendu) 下りる，naître (né) 生まれる，mourir (mort) 死ぬ，tomber 落ちる，devenir (devenu) …になる，rester とどまる，など．

用法　2-7

1. 過去に完了した動作，行為（英語の過去形にあたる）．

　　J'*ai passé* mes vacances dans la montagne.　　私は休暇を山で過ごした．

　　Ma mère *est morte* il y a sept ans.　　母は7年前に亡くなりました．
　　　　　　　　（＜mourir）

2. 過去の動作・行為の結果が現在におよんでいるもの，および過去の経験を表わす．（英語の現在完了にあたる）

　　Marie-Françoise est là ?　　マリー＝フランソワーズはいますか．
　　— Non, elle *est sortie* tout à l'heure.　　—いいえさっき出かけました．
　　　　　　　　　　　　（＜sortir）　（現在も出かけたままである．）

Mes parents ne *sont* jamais *allés* à l'étranger.　　私の両親は外国に行ったことがない．

このように助動詞＋過去分詞でつくられる英語の完了形に当たる時制を**複合時制**という．（助動詞を使わず活用変化で表わす時制を**単純時制**という．）

§43　代名動詞の複合過去　　2-8

se lever（se＝直接目的）

je me suis levé(e)	nous nous sommes levé(e)s
tu t'es levé(e)	vous vous êtes levé(e)(s)
il s'est levé	ils se sont levés
elle s'est levée	elles se sont levées

否定形　　　　　　　　　　　　　　　　倒置形

je ne me suis pas levé(e)	me suis-je levé(e) ?
tu ne t'es pas levé(e)	t'es-tu levé(e) ?
il ne s'est pas levé	s'est-il levé ?
elle ne s'est pas levée	s'est-elle levée ?
nous ne nous sommes pas levé(e)s	nous sommes-nous levé(e)s ?
vous ne vous êtes pas levé(e)(s)	vous êtes-vous levé(e)(s) ?
ils ne se sont pas levés	se sont-ils levés ?
elles ne se sont pas levées	se sont-elles levées ?

　　否定形の倒置疑問　　Ne vous êtes-vous pas levé tôt ?

- 代名動詞の複合時制では，助動詞に être を用いる．
- 再帰代名詞が直接目的補語の場合は，過去分詞は再帰代名詞（→主語）と性・数の一致をする．（次項 §44「過去分詞の一致」参照）

Elle *s'*est lev**é**e à 7 heures.	彼女は7時に起きた．（se＝直接目的）
Ils *se* sont aim**é**s l'un l'autre.	彼らは互いに好きになった．（se＝直接目的）
Elle s'est lavé *les mains*.	彼女は手を洗った．（→ p. 44, §36） （se＝間接目的）
Ils ne se sont pas téléphoné depuis huit jours*.	彼らは1週間互いに電話をかけていない． （se＝間接目的）

*huit jours　1週間．フランス語では曜日から同じ曜日までを数える．ちなみに2週間は quinze jours.

§44 過去分詞の一致 ◎2-9

複合時制において，直接目的補語が動詞の前に出ると，過去分詞はその先行する**直接目的補語**に性・数を一致する．

(1) 直接目的補語人称代名詞・再帰代名詞が先行する場合

　　J'ai montré *ces photos* à Nora.　　　　　私はこの写真をノラに見せた．
　　→ Je *les* ai montré**es** à Nora.
　　Les enfants *se* sont couchés à dix heures.　子どもたちは10時に寝た．

(2) 先行詞が直接目的補語となる関係代名詞節で

　　Frédéric et Elsa *que* je vous ai présenté**s**　　私があなたに紹介したフレデリック
　　vont se marier.　　　　　　　　　　　　　とエルザは近々結婚します．

(3) 直接目的補語が動詞より前に出る疑問文で

　　Quelle robe est-ce que tu as acheté**e** hier ?　昨日どんなドレスを買ったの？

複合過去の作り方のまとめ

・他動詞のすべてと，ほとんどの自動詞
　　avoir の直説法現在＋過去分詞
・場所の移動および状態の変化を表わすいくつかの自動詞（往来発着の自動詞）
　　être の直説法現在＋過去分詞（主語に性・数一致）
・代名動詞
　　再帰代名詞＋**être** の直説法現在＋過去分詞

同じパターンが，助動詞の時制を変えることですべての複合時制（助動詞＋過去分詞）
　に適用される．

Exercices

1. 次の文の（　）内に，文末に示す動詞を現在形に活用変化させて入れ，訳しなさい．
   1. Notre fille (　　　　) son ami au déjeuner. (inviter)
   2. Elle les (　　　　) chats aux chiens. (préférer)
   3. La pluie commence à tomber. Elle (　　　　) un parapluie en nylon. (acheter)
   4. Anne-Marie et Robert (　　　　) tôt ce matin. (se lever)

2. 次の文の下線の動詞を複合過去形にして全文を書き直し，訳しなさい．　　2-10
   1. Après le dîner, je <u>fais</u> la vaisselle.
   2. Naomi <u>va</u> au cinéma et elle <u>rentre</u> assez tard.
   3. Anne <u>prend</u> un taxi et <u>arrive</u> à la gare à temps.
   4. Le train <u>s'arrête</u> dans un tunnel et ne <u>repart</u> pas tout de suite.
   5. Nous <u>nous levons</u> à six heures et demie et nous <u>partons</u> à huit heures.

3. フランス語に訳しなさい．
   1. 宿題終わったの？　—まだすませてないんだ．（終わる：finir，まだ…ない：ne 〜 pas encore）
   2. フレデリック (Frédéric) とエルザ (Elsa) は教会で結婚式を挙げ，新婚旅行に出発した．
      （教会で結婚する：se marier à l'église，新婚旅行に出発する：partir en voyage de noce）
   3. 昨夜は12時に寝た．（昨夜：hier soir，12時：minuit）

自習問題

次の文の動詞を複合過去形にして全文を書き直し，訳しなさい．　　2-11

Denise sort de l'hôtel très tôt le matin, elle va se promener sur les quais de la Seine. Ensuite elle traverse le Pont-Neuf* pour passer Rive Gauche**.

（*le Pont-Neuf：パリのセーヌ川にかかるポンヌフ橋　　**Rive Gauche：セーヌ川の左岸）

Leçon 9 (neuf)

§ 45 pouvoir, vouloir の直説法現在

pouvoir [puvwaːr] できる 2-12

je	peux*	[ʒə pø]
tu	peux	[ty pø]
il	peut	[il pø]
elle	peut	[ɛl pø]
nous	pouvons	[nu puvɔ̃]
vous	pouvez	[vu puve]
ils	peuvent	[il pœv]
elles	peuvent	[ɛl pœv]

vouloir [vulwaːr] のぞむ，したい 2-13

je	veux	[ʒə vø]
tu	veux	[ty vø]
il	veut	[il vø]
elle	veut	[ɛl vø]
nous	voulons	[nu vulɔ̃]
vous	voulez	[vu vule]
ils	veulent	[il vœl]
elles	veulent	[ɛl vœl]

* 1人称単数には je puis [ʒə pɥi] という形もある．

- 過去分詞：pouvoir → pu，vouloir → voulu
- 1人称単数の倒置形では必ず puis-je…? になる．

Je ne *peux* pas sortir ce soir．J'ai du travail．　　私は今夜外出できません．仕事があるのです．

Puis-je entrer？(＝May I…?) Je ne vous dérange pas？　　入ってもいいですか．お邪魔ではありませんか．

Les enfants *veulent* aller au cirque．　　子供たちはサーカスに行きたがっている．

Voulez-vous du café？　　コーヒーいかがですか．
— Avec plaisir．　　—いただきます．
— Non, merci．　　—いえ，結構です．

Veux-tu me passer le sel, s'il te plaît？　　塩を取ってくれない？

☆ Voulez-vous…?, Veux-tu…? は相手の意向をたずねる場合と，相手に対する依頼（ていねいな命令）に使う．

§46 非人称動詞 *verbe impersonnel* 2-14

il が形式上の主語となる構文（**非人称構文**）で用いられる動詞を**非人称動詞**という．

(1) 非人称動詞としてのみ用いられるもの．非人称の il を主語にした活用形（3人称単数）しか持たない．

- pleuvoir, neiger
  Il pleut.　　　　　　　　　　　　雨が降る．
- falloir
  Pour arriver à ce village, *il faut* traverser une rivière.　　　　その村に行くには川を渡らなければならない．
  Il faut un quart d'heure à pied pour aller à la gare.　　　　駅まで歩いて15分かかる．

(2) 通常の動詞が非人称動詞として用いられるもの．

- faire：天候・寒暖を表す．
  Il fait beau aujourd'hui !　　　　今日はいい天気だ．
  Quel temps *fait-il* ?　　　　　　どんな天気ですか．
  Il fait mauvais.　　　　　　　　天気が悪い．
  Il fait chaud, froid…　　　　　　暑い，寒い…

- être
  Quelle heure *est-il* ?　　　　　　何時ですか．
  — *Il est* une heure dix.　　　　　—1時10分です．（時間を表す）
  Ahmed ne vient pas ? *Il est* difficile de trouver un remplaçant.　　アメドは来ないの？　代わりの人間を見つけるのは大変だよ．
  （il est＋形容詞＋de＋不定詞，*cf.* 英語 it is …to …）

- その他 arriver, rester など
  Il est arrivé un accident sur l'autoroute.　　高速道路で事故がありました．
  Il reste encore un peu de vin, tu en veux ?　　まだ少しワインが残っている，どうだい．

  - これらの非人称表現で，関係する人を表わすときは間接目的補語（補語人称代名詞または à＋名詞）を使う．
    Il vous faut partir tout de suite.　　あなたはすぐに出発しなければいけない．
  - *il y a …* もこのような非人称構文の一つ．

§ 47 中性代名詞 *pronom neutre* **le, en** (2), **y**

le 性・数に関係なく《形容詞，動詞の不定詞，句，節，文》などを受け，属詞や直接目的補語になる．中性代名詞は動詞の前におく． 2-15

  Nathalie est-elle malade ?   ナタリーは病気ですか？
  — Oui, elle *l'*est.   —はいそうです．
   (le＝malade)

  Puis-je entrer ?   入ってもいい？
  — Oui, tu *le* peux.   —ああ，いいよ．
   (le＝entrer)

  Valérie est mariée depuis deux ans, je *le* sais. (sais＜savoir)   ヴァレリーは 2 年前から結婚している，それは知ってる．
   (je *le* sais＝je sais *qu'elle est mariée depuis deux ans*.)

en 2-16

1. 直接目的補語として，前出の名詞に不定冠詞・部分冠詞，または数や分量を表わす語をつけてくり返すかわりに．(→ p. 26, § 22)

  As-tu de l'argent ?   お金持ってるかい？
  — Oui, j'*en* ai.   —持ってるよ．
   (＝j'ai *de l'argent*.)

  Tu as des sœurs ?   姉妹はいるの．
  — Oui, j'*en* ai deux.   —ああ，2 人いる．
   (＝j'ai deux *sœurs*.)

  Antoine aime la viande. Il *en* mange beaucoup.   アントワーヌは肉が好きだ．たくさん食べる．
   (＝Il mange beaucoup *de viande*.)

2. 場所を表わす《前置詞 de＋名詞》をうける．〈＝de là, そこから〉

  Vous allez à la poste ?   郵便局に行きますか．
  — Non, j'*en* suis revenu.   —いいえ，そこから帰ってきたのです．
   (＝je suis revenu *de la poste*.)

3. 《de＋名詞・代名詞・不定詞・文》を受ける．〈＝de cela〉

  Elle t'a parlé de son mariage ?   彼女は君に結婚のことを話した？
  — Non, elle ne m'*en* a pas parlé.   —いや，私にはその話はしなかった．
   (＝elle ne m'a pas parlé *de son mariage*.)

C'est un bon film, mais j'*en* ai oublié le titre.　　あれはいい映画だが，題名を忘れてしまった．
　　　(＝j'ai oublié le titre *de ce film*.)

Il est amoureux de Jeanne. J'*en* suis sûr.　　あいつはジャンヌに惚れてる．間違いない．
　　　(＝je suis sûr *de cela*.)

・en を補語人称代名詞と同時に用いるときは，補語人称代名詞の後（動詞の直前）におく．

Voilà des pommes de terre. Je vous *en* donne 2 kilos.　　ジャガイモがあります．2キロお渡しします．

y　2-17

1. 《場所を表す前置詞 à / dans / en / chez など＋名詞》を受ける．
　　　〈＝là　そこへ，そこで〉

Tu vas à l'école ?　　学校へ行くの？
— Oui, j'*y* vais.　　—ああ，行くよ．
　　　(＝je vais *à l'école*.)

2. 《à＋名詞，代名詞，不定詞，文》を受ける．原則として物，事柄に用いる．
　　　〈＝à cela〉

C'est une lettre importante ; tu dois *y* répondre tout de suite.　　これは大事な手紙だ．すぐに返事すべきだよ．
　　　(＝tu dois répondre *à cette lettre*)

Il y a longtemps que j'ai quitté mon pays. J'*y* pense souvent ces jours-ci.　　私が国を出てからずいぶんになる．この頃はよく国のことを考える．
　　　(＝à mon pays)

cf. Il te demande quand tu pars pour Tokyo. Réponds-*lui* vite.　　彼は君がいつ東京に発つか尋ねている．彼に早く返事をしろよ．

・〈à＋人〉は間接目的補語人称代名詞（§32）を用いる．penser à ～「…ついて考える」などの動詞句で補語が人の場合は，〈à＋人称代名詞強勢形〉を用いる．

Aujourd'hui, c'est la fête des mères. Vous pensez à votre mère ?　　今日は母の日だ．あなたはお母さんのことを考えていますか．
— Oui, je pense *à elle* et je vais *lui* écrire.　　—ええ，彼女のことを思っています．手紙を書くところです．
（elle は強勢形，lui は間接目的補語）

・肯定命令文では le, en, y は補語人称代名詞の場合と同じく，倒置し，動詞の後におく．

Réponds-*y* tout de suite.　　すぐにそれに返事しなさい．

・en, y を同時に用いるときは y＋en の語順になる．

Combien de bouteilles de bière est-ce qu'il *y* a dans le frigo ? — Il *y en* a deux.　　冷蔵庫にビール何本ありますか．—2本あります．
　　　(＝Il y a deux *bouteilles*.)

§ 48 形容詞・副詞の比較

(1) 比較級　2-18

優等比較	plus	形容詞	que …
同等比較	aussi	副詞	
劣等比較	moins		

- 形容詞の比較

　Louis est *plus* grand *que* Nina.　　　　　　ルイはニーナより背が高い．
　Nina est *aussi* grande *que* Michel.　　　　ニーナはミシェルと同じ背丈だ．
　Michel est *moins* grand *que* Louis.　　　　ミシェルはルイより背が低い．

- 副詞の比較

　Nina marche *plus* vite *que* Louis.　　　　　ニーナはルイより速く歩く．
　Louis marche *aussi* vite *que* Michel.　　　ルイはミシェルと同じ速さで歩く．
　Michel marche *moins* vite *que* Nina.　　　ミシェルはニーナより歩くのが遅い．

- ne … pas aussi ～ que ＝ ne … pas si ～ que

　Mylène *n'*est pas *si* grande *que* Florence.　ミレーヌはフロランスほど背が高くない．

(2) 最上級　2-19

- 形容詞の最上級

〈定冠詞 le / la / les ＋ *plus* / moins ＋形容詞 de …〉

　Louis est *le plus grand de* la classe.　　　　ルイはクラスでいちばん背が高い．
　Nina est *la moins âgée de* la famille.　　　　ニーナは家族でいちばん年下だ．
　Le printemps est la saison *la plus agréable de* l'année.　春は一年でもっとも快適な季節だ．
　　（← une saison agréable.　名詞＋形容詞）
　Le Pont-Neuf est *le plus ancien* pont de Paris.　ポンヌフはパリでいちばん古い橋です．
　　（← un ancien pont　形容詞＋名詞）

- 副詞の最上級　副詞の場合は常に定冠詞 le を用いる．

〈定冠詞 le ＋ plus / moins ＋副詞 de …〉

　Il se lève *le plus tôt de* la famille.　　　　　彼は家族でいちばん早起きだ．
　Elle marche *le moins vite du* groupe.　　　彼女はグループで歩くのがいちばん遅い．

(3) 特殊な形　　🔊2-20

  bon　― 比較級 **meilleur(e)(s)**
         最上級 ⟨**le / la / les＋meilleur(e)(s)**⟩

    Le printemps est une *bonne* saison.　　春はいい季節である．
    Le printemps est une *meilleure* saison　　春は冬よりもいい季節である．
que l'hiver.
    Le printemps est *la meilleure* saison　　春は一年でいちばんいい季節である．
de l'année.

  bien　― 比較級 **mieux**，最上級 **le mieux**

    Vanessa chante *bien*.　　　　　　　　ヴァネッサは歌がうまい．
    Vanessa chante *mieux que* Thierry.　　ヴァネッサはチエリーより歌がうまい．
    Elle chante *le mieux de* la classe.　　　彼女はクラスでいちばん歌がうまい．

(4) 動詞，名詞にかかる量的比較　　🔊2-21

    動詞＋ | **plus**　　優等比較 | （**de**＋無冠詞名詞）**que** …
            | **autant**　同等比較 |
            | **moins**　劣等比較 |

  Christian travaille beaucoup.　　　　　クリスチャンはよく勉強する．
    Christian travaille *plus que* José.　　　クリスチャンはジョゼよりよく勉強する．
    José travaille *autant que* Muriel.　　　ジョゼはミュリエルと同じくらい勉強する．
    Muriel travaille *moins* que Christian.　ミュリエルはクリスチャンほど勉強しない．

  Nelly a beaucoup d'amis.　　　　　　　ネリーには友人が大勢いる．
    Elle a *plus d'*amis *que* moi.*　　　　　彼女には私より大勢の友人がいる．
    Elle a *autant d'*amis *que* Soraya.　　　彼女にはソラヤと同じくらい友人がいる．
    J'ai *moins d'*amis *qu'*elles.*　　　　　　私には彼女たちほど友人がいない．

    * 比較の que の後に人称代名詞を用いる場合は強勢形．（→ p. 41, § 34）

§49 序数詞　🔊2-22

原則として基数詞に -ième という語尾（男女同形）をつけて作る．「第1の」は特別な形を持ち，「第2の」は2つの形がある．

1ᵉʳ (1ᵉʳᵉ)	premier, première	11ᵉ	onzième
2ᵉ	deuxième, second(e) [səgɔ̃, -gɔ̃:d]	12ᵉ	douzième
3ᵉ	troisième	13ᵉ	treizième
4ᵉ	quatrième		……
5ᵉ	cin*qu*ième	20ᵉ	vingtième
6ᵉ	sixième	21ᵉ	vingt et unième
7ᵉ	septième		[vɛ̃te ynjɛm]
8ᵉ	huitième	100ᵉ	centième
9ᵉ	neu*v*ième	1000ᵉ	millième
10ᵉ	dixième		

・日付は1日のみ序数詞．
　le *premier* mai　5月1日　　*cf.* le 14 (quatorze) juillet　7月14日
・国王，皇帝も1世のみ序数詞．
　François Iᵉʳ　フランソワ1世，　　Napoléon Iᵉʳ　ナポレオン1世，
　cf. Louis XIV　ルイ14世

自習問題

次の文を和訳しなさい．

　C'est la fin du jour dehors, on le sait au bruit des passages* de plus en plus nombreux, de plus en plus mêlés.　(Marguerite Duras : *L'Amant*)

(le bruit des passages　(*人や車の)往来の音)

Exercices

1. 次の文の（　）内に．文末に示す動詞を現在形に活用変化させて入れ，訳しなさい．
   1. Je manger ce gâteau ?（pouvoir）　— Mange-le, si tu (　　　)．（vouloir）
   2. Ils (　　　) un appartement moins cher, mais ils n'en ont pas encore trouvé．（vouloir）
   3. L'eau est très sale, nous ne (　　　) pas nous baigner dans la rivière．（pouvoir）
   4. Dans les lieux publics, vous ne (　　　) pas fumer．（pouvoir）
   5. Mon enfant ne (　　　) pas se coucher tôt．（vouloir）

2. 次の各文の（　）内に，イタリックの語句をうける適当な中性代名詞をいれて訳しなさい．
   1. Tu peux sortir, mais il faut *rentrer avant six heures*.
      — Oui, maman, je te (　　　) promets.
   2. Vous connaissez *Paris* ? — Non, je n'(　　　) suis jamais allé．（connaissez＜connaître）
   3. Est-ce que vous êtes *professeur* ? — Oui, je (　　　) suis.
   4. *Les enfants ont bien travaillé*. La mère (　　　) est contente.
      （être content de 〜　〜でうれしい）
   5. Il n'y a plus *de lait*. Je vais (　　　) acheter.
   6. Voici *ma proposition*. Réfléchissez-(　　　)．（réfléchir à 〜　〜についてよく考える）

3. 次の各文の（　）内に，比較級・最上級の適当な語句をいれなさい．
   1. Quand la circulation est difficile, le vélo va (　　　) vite que l'auto.
   2. Pour maigrir, vous devez manger un peu (　　　) de légumes et un peu (　　　) de viande.
   3. Aujourd'hui, les femmes sont (　　　) indépendantes qu'autrefois.
   4. Le mont Fuji est la montagne (　　　) haute du Japon.

4. 次の文を和訳しなさい．
   1. Aujourd'hui, il ne faut que douze heures en avion pour aller en Europe.
   2. Notre vin est exquis. C'est le meilleur vin de la région.
   3. Tes parents consentent à notre mariage ?
      — Non, ils n'y consentent pas. Ils sont vraiment têtus.

5. フランス語に訳しなさい．
   1. 窓を開けてよろしいか？（窓を開ける：ouvrir la fenêtre）
   2. 昨日あなたが買ったドレスを見せて下さい．（昨日：hier）

中性代名詞 en と関係代名詞 dont の用法について

en も dont も英語にはないフランス語独特の，しかもきわめて日常的によく使われる代名詞です．ここで整理しておきましょう．

en の用法は
1) 直接目的補語として不定冠詞，部分冠詞のついた名詞に，また数や分量を表わす語のつく名詞にかわる＝数量概念と結びつくもの．
2) 〈de＋名詞・代名詞・文〉をうける＝前置詞 de を含む「それ，そのこと」〈de cela〉にかわるもの．

に大別されます．それぞれについて，少し詳しく説明します．

1. 直接目的補語となる en

この en は §22 では，先行の名詞の「任意の量」を表わし，前出の名詞を特定してうける目的補語人称代名詞 le, la, les とは異なる，と説明しておきました．en に部分の概念が含まれていることを具体的に見ます．

Avez-vous des amis à Tokyo ?	東京に友人がいますか．
— Oui, j'*en* ai.	ええ，います．
Vous avez de la monnaie ?	小銭をお持ちですか．
— Oui, j'*en* ai.	ええ，あります．

この場合，en はそれぞれ des amis（何人かの友人），de la monnaie（いくらかの小銭）に当たります．
では次の文章はどうでしょうか．

(a) J'ai des amis à Tokyo. Je vais vous *les* présenter.	私は東京に友人が何人かいます．あなたに紹介してあげますよ．

この文では，les＝ces amis（その友人たち）で，東京にいる何人かの友人を全員あなたに紹介しよう，ということになります．次の文も同様です．

(b) Marie, va cueillir des roses dans le jardin. Tu vas *les* donner à ton amie.	マリー，庭に行ってバラを切っておいで．お友だちにあげれば．

では en は使えないのでしょうか．例文 (b) で en を使って，

　　Tu vas *en* donner à ton amie.

とすればどういう意味に変わるでしょう．そう，友だちに摘んだバラをそのまま全部（＝ ces roses）あげるなら les ですが，摘んだなかから何本か分けてあげるなら en となるのです．
つまり en は，代用する先行の文中の名詞に不定冠詞・部分冠詞がついているから en になるのではなく，en それ自体が部分の概念を表わしている，いいかえると代用する名詞の任意の量を表わすからなのです．
また (a) の例文で en を使い，

　　Je vais vous *en* présenter *quelques-uns*.

「その（友人の）うちの幾人かを紹介してあげましょう」というふうに，うしろに数量を具体的に示す語をつけ，部分の量を表わすこともあります．

2. en と dont

中性代名詞 **en** (＝de cela) も関係代名詞 **dont** も，前置詞 de を含んでいます．どちらもその使い方に共通したところがありますから，その使い方に慣れて下さい．前置詞 de のはたらきを次のようにわけて考えます．

(a) 所有の意味

この場合〈de cela〉は先行する文中の語句を受けて「それの」と所有格になって名詞にかかります．

中性代名詞 en の場合は〈de＋物〉を指し，〈de＋人〉は所有形容詞になるのが普通です．

Nous avons visité l'église. Les vitraux *en* étaient* magnifiques. *être の直説法半過去（→ p. 69, §51）	わたしたちは教会を見物した．そこのステンドグラスはすばらしかった．
Je voudrais joindre Odile: tu connais *son* numéro de téléphone ?	オディールに連絡したいんだけれど，彼女の電話番号知らないか．

関係代名詞 dont の場合は，先行する名詞または代名詞を受けて，英語の whose, of which と同じように使われます．

Nous avons visité l'église *dont* les vitraux étaient magnifiques.	私たちはステンドグラスのすばらしい教会を訪れた．
Voilà l'écrivain *dont* j'ai lu un roman.	あれは私が一冊小説を読んだことのある作家だ．

(b) 構文が前置詞 de を要求する場合．

en が含まれる文，
dont で導かれる関係節，
においては，前置詞 de を含む動詞句，形容詞句に十分注意して下さい．

動詞で言えば parler *de*…「…の話（噂）をする」，avoir besoin *de*…「…を必要とする」，se plaindre *de*…「…のことを嘆く」等々．また形容詞では，(être) content *de*「…に満足な」，(être) fier *de*…「…をほこりに思う」，(être) sûr *de*…「…を確信する」など，前置詞 de と結びついた表現です．

Tu as vu ce film ? On *en* parle beaucoup.	あの映画見た？　今たいそう評判だ．
Tu as vu le film *dont* on parle beaucoup ?	たいそう評判になっているあの映画見た？

このように **en** や，**dont** に慣れるには，辞書を引くときに，日本語の意味だけを見るのではなく，動詞や形容詞がどのような前置詞と共に使われるかに注意して下さい．parler を辞書で引いて「～ *de*, について話す，話題にする」とあれば，この「～ de」に en や，dont のカギがひそんでいるのです．

Leçon 10 (dix)

§ 50　mettre, dire の直説法現在

mettre [mɛtr]　置く，身につける　2-23

je mets [ʒə mɛ]	nous mettons [nu mɛtɔ̃]
tu mets [ty mɛ]	vous mettez [vu mete]
il met [il mɛ]	ils mettent [il mɛt]
elle met [ɛl mɛ]	elles mettent [ɛl mɛt]

・過去分詞：mis [mi]
・同型のおもな動詞：admettre, permettre など mettre に接頭語をつけた動詞．

Mets ta nouvelle cravate.　　新しいネクタイをしめなさい．
Où est-ce que tu *as mis* ma clef ?　僕の鍵をどこへおいたのだ．
— Je l'*ai mise* sur ton bureau.　—君の机の上においたよ．

dire [diːr]　言う　2-24

je dis [ʒə di]	nous disons [nu dizɔ̃]
tu dis [ty di]	vous dites [vu dit]
il dit [il di]	ils disent [il diz]
elle dit [ɛl di]	elles disent [ɛl diz]

・2人称複数形の活用に注意．
・過去分詞：dit [di]

Ils *disent* qu'ils vont voir un film.　彼らは映画を見に行くと言っている．
Dites bonjour à Flora.　　フローラによろしく．

§ 51 直説法半過去 *imparfait de l'indicatif* 2-25

chanter

je chant**ais**	nous chant**ions**
tu chant**ais**	vous chant**iez**
il chant**ait**	ils chant**aient**
elle chant**ait**	elles chant**aient**

finir

je finiss**ais**	nous finiss**ions**
tu finiss**ais**	vous finiss**iez**
il finiss**ait**	ils finiss**aient**
elle finiss**ait**	elles finiss**aient**

être

j' ét**ais**	nous ét**ions**
tu ét**ais**	vous ét**iez**
il ét**ait**	ils ét**aient**
elle ét**ait**	elles ét**aient**

avoir

j' av**ais**	nous av**ions**
tu av**ais**	vous av**iez**
il av**ait**	ils av**aient**
elle av**ait**	elles av**aient**

語幹　　　　　　　　　　活用語尾：全ての動詞に共通

直説法現在 1 人称複数形語幹　＋

（être をのぞく）

-ais [-ɛ]	-ions [-jɔ̃]
-ais [-ɛ]	-iez [-je]
-ait [-ɛ]	-aient [-ɛ]

finir : nous *finiss*ons → je *finiss*ais, tu *finiss*ais…

用法 2-26

a) 過去のある時点で継続している動作，状態をその始点・終点を考慮せずに叙述する時制である．しばしば複合過去や後出の単純過去（→ p. 82, § 62）で表わされる動作，行為の生じたときの状況を示す．英語の過去進行形はこの半過去で表わされる．

Je suis descendu(e) parce que le téléphone *sonnait*.　　電話がなっていたので下りて行きました．

Je *descendais* quand le téléphone a sonné.　　階段を下りていたら電話がなった．

Avant j'*habitais* avec mes parents, je suis venu à Tokyo à 19 ans et depuis j'habite tout seul.　　以前は親のところにいました．19 歳のときに東京に来て，以来ひとりで住んでいます．

b) 過去における習慣
   Le dimanche, nous *allions* au cinéma ou à la discothèque.　日曜には映画やディスコに行ったものだ.
c) 時制の一致：複文で主節が過去時制の場合，従属節中の半過去は「過去における現在」を表わす．
   Il m'a dit qu'*il était* malade.　彼は私に自分は病気だと言った.
   (Il m'a dit :《 Je suis malade 》.)
・間接話法については → p. 102, § 72.

§ 52　直説法大過去　*plus-que-parfait de l'indicatif*　2-27

助動詞 (avoir / être) の直説法半過去＋過去分詞

aimer

j' avais aimé	nous avions aimé
tu avais aimé	vous aviez aimé
il avait aimé	ils avaient aimé
elle avait aimé	elles avaient aimé

aller

j' étais allé(e)	nous étions allé(e)s
tu étais allé(e)	vous étiez allé(e)(s)
il était allé	ils étaient allés
elle était allée	elles étaient allées

用法　2-28

a) 過去のある時点を基準とし，それより以前に完了している行為，状態を表わす．英語の過去完了と同じである．
   Quand elle est arrivée à la gare, le train *était* déjà *parti*.　彼女が駅に着いたとき，列車はすでに出た後だった．
   Jean-Paul m'a rendu l'argent que je lui *avais prêté*.　ジャン＝ポールは私が貸していた金を返してくれた．
b) 時制の一致：複文で主節が過去時制の場合，従属節中で「過去における過去」を表わす．
   Il m'a dit qu'il *avait été* malade.　彼は私に病気だったと言った．
   (Il m'a dit :《 J'ai été malade. 》)

§ 53 受動態 *voix passive* 2-29

| être＋過去分詞（他動詞） | par / de 動作主 |

aimer

je suis aimé(e)	nous sommes aimé(e)s
tu es aimé(e)	vous êtes aimé(e)(s)
il est aimé	ils sont aimés
elle est aimée	elles sont aimées

Le président *est élu* par l'assemblée générale. (L'assemblée générale élit le président.) 議長は総会によって選出される．

Mme Denis *est aimée* de ses élèves. (Les élèves aiment Mme Denis.) ドニ先生は生徒に好かれている．

Le vaccin contre la rage *a été découvert* par Pasteur. （découvrir の受動態・複合過去形）(Pasteur a découvert le vaccin contre la rage.) 狂犬病ワクチンはパストゥールによって発見された．

・過去分詞は主語の性，数に一致する．
・par は外面的動作，一時的行動を，de は感情や継続的行為・状態を表わす．
・受動態の時制は être の時制で表わされる（英語と同じ）．

§ 54 不定代名詞 on 2-30

on は主語としてとくに口語文でよく使われる代名詞である．

a) 不特定な人を指し「ひと」，「ひとびと」，「だれか」．

On dit qu'il est malade. 彼は病気だという話だ．
On sonne à la porte. だれか来たよ．（戸口でベルが鳴ってる）
Au Japon, *on* mange avec des baguettes. 日本では箸で食べる．
Dans quelques régions du Canada, *on* parle français. カナダのいくつかの地方ではフランス語が話されている．

b) 口語文で nous, vous, tu（とくに nous）のかわりに．

Qu'est-ce qu'*on* fait ce soir ? 今夜何しよう．
— *On* va au cinéma. ―映画に行こう．
Nous, *on* était drôlement contents.* ぼくらはホントごきげんだった．

  ＊ on は動詞については 3 人称単数あつかいだが，形容詞，過去分詞の一致では意味上の主語にあわせることがある．

On a bien travaillé ? ちゃんと勉強した？

自習問題

次の文を訳しなさい．

　　Le prix Nobel de littérature 2017 a été décerné, jeudi 5 octobre, à l'écrivain britannique d'origine japonaise Kazuo Ishiguro, qui succède au poète et musicien Bob Dylan récompensé l'année précédente.　(2017/10/06 *Le Monde*)

フランス語の受動表現

　受動態の考え方は英語の場合とほぼ同じですが，いくつか違う点もあるので注意しましょう．

- 受動態の主語は能動態の直接目的補語に限る．英語のように間接目的補語を主語とした形はない．
  　　Yves-Marie m'a donné *ce livre*.　　　　イヴ＝マリーは私にこの本をくれた．
  　　→ *Ce livre* m'a été donné par Yves-Marie.
  　　× J'ai été donné ce livre par Yves-Marie.

- 動作主補語の表現されていない受動態を能動態に直すときは，主語は on になる．
  　　La consonne finale n'est pas prononcée en français.
  　　→ *On* ne prononce pas la consonne finale en français.
  　　　　　　　　　　　　　　　　フランス語では語末の子音は発音されない．
  このような場合，on を主語とする構文は一種の受動表現と考えられる．

- 受動表現にはこのほか，代名動詞の受動的用法（→ p. 45, §36 の 3) もある．
  　　Ce modèle n'est plus fabriqué au Japon.　このモデルはもう日本では作られていない．
  　　On ne fabrique plus ce modèle au Japon.
  　　Ce modèle ne se fabrique plus au Japon.

- このようにフランス語では受動態以外の構文が使われることが多く，英語ほど受動態は多用されない．

être ＋ 過去分詞の構文では，英語の場合と同様，過去分詞が形容詞的に用いられ，動作主補語をともなわず動作の結果・状態を表わすことがある．次の文を比較しよう．
　　La porte est fermée à clef.　　　　ドアには鍵が掛かっている．　　　　（状態）
　　La porte est fermée par Eric.　　　ドアはエリックによって閉められる．（行為）

Exercices

1. 次の文を訳しなさい． 2-31
   1. Je me suis endormi, parce que j'avais trop bu.
   2. Chaque fois qu'il passait devant la maison, le chien aboyait contre lui.
   3. À la fin de l'été, le rivage était encombré par des boîtes de conserve, de vieux flacons en plastique.
   4. On annonce la disparition d'une enfant de cinq ans. L'enfant porte un pull-over rouge et une jupe noire. Cheveux bruns longs et les yeux bleus.

2. （　）内の動詞を日本語の内容にあうように複合過去形，半過去形，大過去形に活用しなさい．
   1. Quand Joanna (quitter) ses parents pour aller à Paris, elle (avoir) 18 ans.
      ジョアンナが両親のもとを離れてパリに出たとき18歳だった．
   2. Elle m'(apporter) la revue que je lui (prêter) l'autre jour.
      彼女は私が先日彼女に貸した雑誌を持ってきた．
   3. Je (prendre) une bière, parce que je (avoir) soif.
      私はのどが渇いていたのでビールにした．
   4. Quand je (être) petite, je (jouer) dans le square près de chez moi.
      幼かった頃私は家の近くの小さな公園で遊んでいました．
   5. Quand les policiers (arriver), les voleurs (s'enfuir)* déjà.
      警官が到着したときには泥棒は既に逃げていた． *巻末活用表15

3. 能動態を受動態に，受動態を能動態に変えなさい． 2-32
   1. Raphaelle est invitée à dîner par Monsieur Durand.
   2. Hier soir un camion a heurté ma voiture.
   3. Ces œuvres sont offertes au musée par l'artiste.
   4. On a construit un tunnel sous la Manche* en 1994. *英仏海峡を結ぶ海底トンネル

Leçon 11   (onze)

§ 55   savoir, connaître, voir の直説法現在   ◎2-33

savoir [savwaːr]   知る

je	sais	[ʒ(ə) sɛ]	nous	savons	[nu savɔ̃]
tu	sais	[ty sɛ]	vous	savez	[vu save]
il	sait	[il sɛ]	ils	savent	[il sav]
elle	sait	[ɛl sɛ]	elles	savent	[ɛl sav]

- 過去分詞：su [sy]
- 命令法：sache, sachons, sachez

　Sais-tu que Pauline vient ce soir ?　　今夜ポーリーヌが来るの知ってる？
　— Non, je ne le *savais* pas.　　—いや，知らなかった．
　Alex n'a que quatre ans, mais il *sait* déjà écrire son nom.　　アレックスはまだ4歳だけど，もう自分の名前が書ける．

connaître [kɔnɛːtr]   知る   ◎2-34

je	connais	[ʒə kɔnɛ]	nous	connaissons	[nu kɔnɛsɔ̃]
tu	connais	[ty kɔnɛ]	vous	connaissez	[vu kɔnɛse]
il	connaît	[il kɔnɛ]	ils	connaissent	[il kɔnɛs]
elle	connaît	[ɛl kɔnɛ]	elles	connaissent	[ɛl kɔnɛs]

- 過去分詞：connu [kɔny]
- t の前では -aî- となる．
- 同型のおもな動詞：reconnaître（それとわかる），paraître（見える），disparaître（消える）など．

　Vous *connaissez** M. Moreau ?　　モローさんをごぞんじですか．
　— Oui, je le *connais* depuis longtemps.　　—ええ，古い知り合いです．
　　* savoir は多くは不定詞，節（que...）や中性代名詞 le を目的語とし，connaître は名詞を目的語とする．

voir [vwaːr]   見る，会う．   ◎2-35

je	vois	[ʒə vwa]	nous	voyons	[nu vwajɔ̃]
tu	vois	[ty vwa]	vous	voyez	[vu vwaje]
il	voit	[il vwa]	ils	voient	[il vwa]
elle	voit	[ɛl vwa]	elles	voient	[ɛl vwa]

- 過去分詞：vu [vy]
- 同型の動詞：revoir（再会する）など．

De la fenêtre, vous *voyez* la tour Eiffel. 　窓からエッフェル塔が見えますよ．
Tu *vois* Christine ? 　クリスチーヌには会う？
— Oui, je la *vois* souvent. 　—ああ，よく会うよ．

§ 56　直説法単純未来 *futur simple* 🎧 2-36

chanter

je	chant**erai**	[ʒə ʃɑ̃tre]
tu	chant**eras**	[ty ʃɑ̃tra]
il	chant**era**	[il ʃɑ̃tra]
elle	chant**era**	[ɛl ʃɑ̃tra]
nous	chant**erons**	[nu ʃɑ̃trɔ̃]
vous	chant**erez**	[vu ʃɑ̃tre]
ils	chant**eront**	[il ʃɑ̃trɔ̃]
elles	chant**eront**	[ɛl ʃɑ̃trɔ̃]

finir

je	fin**irai**	[ʒə finire]
tu	fin**iras**	[ty finira]
il	fin**ira**	[il finira]
elle	fin**ira**	[ɛl finira]
nous	fin**irons**	[nu finirɔ̃]
vous	fin**irez**	[vu finire]
ils	fin**iront**	[il finirɔ̃]
elles	fin**iront**	[ɛl finirɔ̃]

être

je	s**erai**	[ʒə sre]
tu	s**eras**	[ty sra]
il	s**era**	[il sra]
elle	s**era**	[ɛl sra]
nous	s**erons**	[nu srɔ̃]
vous	s**erez**	[vu sre]
ils	s**eront**	[il srɔ̃]
elles	s**eront**	[ɛl srɔ̃]

avoir

j'	**aurai**	[ʒɔre]
tu	**auras**	[tyɔra]
il	**aura**	[ilɔra]
elle	**aura**	[ɛlɔra]
nous	**aurons**	[nuzɔrɔ̃]
vous	**aurez**	[vuzɔre]
ils	**auront**	[ilzɔrɔ̃]
elles	**auront**	[ɛlzɔrɔ̃]

活用語尾

-rai [-re]		-rons	[-rɔ̃]
-ras [-ra]		-rez	[-re]
-ra [-ra]		-ront	[-rɔ̃]

全ての動詞に共通.

語幹　　2-37
a) 多くの動詞では語幹は不定詞から導かれる.
　-er 動詞
　　chanter → je chante**rai**, *etc.*
　　　・直接法現在1人称単数形＋rai (§ 40にあげた動詞：j'appelle → j'appelle**rai**)
　-ir 動詞
　　finir → je fini**rai**,　partir → je parti**rai**, *etc.*
　その他
　　attendre → j'attend**rai**,　prendre → je prend**rai**, *etc.*
　　　・不定詞が -re で終わる動詞は être, faire 以外は語幹は不定詞のまま -re → -rai... となる.
b) être, avoir 以外にも不定詞とは異なる語幹になる不規則動詞がある（とくに不定詞が -oir で終わる動詞）.
　　aller → j'i**rai**,　　venir → je vien**drai**,　　faire → je fe**rai**,
　　pouvoir → je pour**rai**,　　vouloir → je vou**drai**,
　　voir → je ver**rai** *etc.*

用法　　2-38
(1) 未来における行為，状態，予定を表わす.
　　J'*aurai* vingt ans le mois prochain.　　私は来月二十歳になります.
　　Nous *partirons* pour Kochi en avion.　　高知へは飛行機で行きます.
(2) 話者の意志：2人称で命令を表わす.「（あなたは〜するはずだ→）〜しますね，してくれますね」.
　　Tu *feras* la vaisselle ce soir.　　今夜は皿洗いをしてちょうだい.
　　Vous m'*appellerez* demain matin.　　明朝お電話下さい.
　　　・会話では近い未来，確実な未来には aller ＋不定詞 (→ p. 33, § 27) がよく使われ，書き言葉ではより簡潔で格調を持つ単純未来形が好まれる.

§ 57　直説法前未来 *futur antérieur de l'indicatif*　2-39

> 助動詞 (avoir / être) の直説法単純未来＋過去分詞

finir

j'aurai fini	nous aurons fini
tu auras fini	vous aurez fini
il aura fini	ils auront fini
elle aura fini	elles auront fini

arriver

je serai arrivé(e)	nous serons arrivé(e)s
tu seras arrivé(e)	vous serez arrivé(e)(s)
il sera arrivé	ils seront arrivés
elle sera arrivée	elles seront arrivées

用法：未来のある時点までに完了している行為を表わす．英語の未来完了と同じ．

　　Tu pourras sortir quand tu *auras fini* tes devoirs.　　宿題が終わったら外へ出てもいいよ．

　　Je *serai rentré* avant dix-neuf heures.　　午後7時までには帰宅しているでしょう．

§ 58　現在分詞 *le participe présent*　2-40

単純形　　～ant

語幹は直説法現在1人称複数 nous ～ons の活用語尾 -ons をとったもの．

　　aimer　—　nous *aim*ons　→　aimant
　　finir　—　nous *finiss*ons　→　finissant
　　faire　—　nous *fais*ons　→　faisant [fəzã]

　例外：　être　—　étant
　　　　　avoir　—　ayant
　　　　　savoir　—　sachant

複合形（完了形） | ayant / étant ＋ 過去分詞 |　複合形は主節に対する時間的先行を表わす．

用法（形容詞的はたらき）：

(1) 関係節に代わり，名詞，代名詞に直接かかる．

 À la gare, j'ai rencontré Geneviève *portant* ses skis (=qui portait ses skis).　駅でスキー板を持ったジュヌヴィエーヴに会った．
 À la gare, je l'ai rencontrée *portant* ses skis.　駅でスキーを持った彼女に会った．

(2) 主語と同格で分詞節を作り，同時性，理由，原因などを表わす．

 Étant malade, elle ne peut pas sortir.　病気なので彼女は外出できません．
 Ayant bu un café, il est sorti tout de suite.　コーヒーを飲むと，彼はそそくさと出ていった．

(3) 絶対分詞節：分詞節が主節と異なる主語を持つもの

 Son mari *étant* très riche, elle passait des journées oisives.　夫が大金持ちだったので，彼女は無為の日々を送っていた．

・現在分詞の構文は主として書き言葉で使われ，日常の話し言葉ではほとんど使われない．

§59　ジェロンディフ *gérondif*　2-41

| en ＋ 現在分詞 |

用法：ジェロンディフは主節に対し副詞節のはたらきをし，同時，手段，条件，対立，譲歩などを表わす．ジェロンディフの主語は，原則として，主文の主語と同じである．話し言葉でよく使われる．

 En montant dans la voiture, Elise a déchiré son collant.　車に乗りしなにエリーズはストッキングを破いてしまった．
 Jérôme est malheureux *tout* en étant* très riche.　ジェロームは大変金持ちなのに不幸だ．
 Amanda m'a dit bonjour *en souriant*.　アマンダはほほえみながら私にこんにちはと言った．

 * tout en 〜ant はジェロンディフの同時性，対立を強調する．

・現在分詞とジェロンディフ

J'ai rencontré Charles revenant de l'église.
私は教会から帰ってくるシャルルに会った．

J'ai rencontré Charles en revenant de l'église.
私は教会からの帰りにシャルルに会った．

§ 60　指示代名詞　*pronom démonstratif*

(1) 性・数変化をしないもの　　ce (c'),　ceci,　cela (ça)　　②2-42

・**ce**：主語として，また関係代名詞の先行詞として使う．

Qu'est-*ce* que *c*'est ?	それは何ですか．
— *Ce* sont des figues.	—イチジクです．
C'est difficile de trouver un poste*.	職をみつけるのは難しい．
— *C*'est vrai.	—そうですね．

＊〈Il est＋形容詞＋de＋不定詞〉（→ p. 59, § 46 (2)）の会話体．

Tu feras *ce* que tu voudras.　　したいことをしなさい．
Ce qui est difficile, *c*'est de le persuader.　難しいのは彼を説得することだ．
　　ce qui, ce que＝(英) the thing which, what
Ce dont* on a besoin, *c*'est d'un bon vin rouge.　必要なのはうまい赤ワインだ．

＊ 先行詞としての ce が avoir besoin de, parler de など前置詞 de の補語になるとき関係代名詞は dont（→ p. 48, § 38）を用いる．

・**cela** は「そのこと，それ」の意味で広く使い，口語文では **ça** となる．

C'est bien votre proposition ?	それがあなたの提案ですか？
— C'est *ça* (*cela*).	—そのとおりです．
Comment *ça* va ?	元気？
— *Ça* va très bien, merci.	—うん，ありがとう．
Qu'est-ce que vous faites avec *ça* ?	それで何をするのですか？

・**cela** とともに **ceci** が対比的に用いられると，「これ，それ」，彼我，遠近を表わす．

Vous prenez *cela* ? Alors, je prendrai *ceci*.　あなたはそれにしますか？ じゃ私はこれにしましょう．

(2) 性・数変化をするもの　　2-43

m. s.	f. s.	m. pl.	f. pl.
celui [s(ə)lɥi]	**celle** [sɛl]	**ceux** [sø]	**celles** [sɛl]

a) de＋名詞，あるいは関係代名詞をともなって使う．

  Voilà une voiture. C'est *celle de* Roland.　　車があるでしょう．あれはロランのです．

  Regardez ces garçons, *celui que* vous voyez au milieu est mon fils.　　あの少年たちを見て下さい，真中に見えるのがうちの息子です．

b) -ci, -là をつけて遠近・対立を表わす．

  Quelle cravate voulez-vous ? *Celle-ci* ou *celle-là* ?　　どのネクタイになさいますか？こちら，それともあちらのはいかが？

  Vous voulez un stylo ? *Celui-ci* fera un beau cadeau.　　万年筆をお探しですか．こちらは贈り物にいいですよ．

c) 先行する名詞を受けず関係代名詞の先行詞になる場合は「～する人」を表わす．

  Celle que tu vois à côté de Théophile est son amie.　　テオフィルの横にいる女性は彼の恋人です．

  Tous *ceux qui* prendront l'épée périront par l'épée. (*Evangile selon Mathieu* 26-52)　　剣をとるものは剣にて滅ぶ．（マタイによる福音書 26–52）

  celui (celle) qui / que＝(英) one who, ceux (celles) qui / que＝(英) those who

§ 61　強調文　C'est ... qui, C'est ... que　2-44

 Ce soir j'invite Victoria au cinéma.　今夜私はヴィクトリアを映画に誘う．

・主語の強調：C'est ～ qui

 C'est moi *qui* invite Victoria ce soir au cinéma.

・主語以外の要素の強調：C'est ～ que

 C'est Victoria *que* j'invite ce soir au cinéma.
 C'est ce soir *que* j'invite Victoria au cinéma.
 C'est au cinéma *que* j'invite Victoria ce soir.

Exercices

1. 次の文を訳しなさい。 2-45
   1. Nous arriverons à la maison vers minuit, les enfants se seront couchés.
   2. Pendant le week-end, il fera beau et il fera froid.
   3. Je ferai mes devoirs, quand j'aurai fini le dîner.
   4. Elle n'est plus ce qu'elle était il y a dix ans.
   5. Je parlerai de deux grands écrivains du XIXe siècle, Flaubert et Baudelaire ; celui-ci* est un poète et celui-là est un romancier.
      * celui (celle / ceux / celles) -ci＝(英) the latter, celui (celle / ceux / celles) -là ＝(英) the former
   6. Au 1er juillet, la limitation de vitesse des routes à double sens sans séparateur central* passera de 90 km/h à 80 km/h**. Ce décret concernera une grande part du réseau routier français. (2018/06/30　Le Monde)
      *route à double sens sans séparateur central：中央分離帯のない片側一車線の道路。
      **km/h：kilomètre(s) par heure/à l'heureと読む。

2. （　）内の動詞を日本語の文意にしたがって現在形，単純未来形または前未来形に活用しなさい。
   1. Nous (aller) voir un film quand les examens (finir).
      試験が終わったら映画を見に行こう．
   2. Prêtez-moi ce roman quand vous le (terminer).
      この小説を読み終えたら私に貸して下さい．
   3. Prenez ce train, vous (arriver) à Osaka dans trois heures.
      この列車に乗りなさい，3時間後に大阪に着きます．

3. イタリックの文を現在分詞またはジェロンディフに変えて書き直し，訳しなさい。 2-46
   1. J'ai trouvé Marianne *qui lisait le journal près de la fenêtre.*
   2. *Comme elle avait pris froid*, elle est restée au lit.
   3. *Si vous vous dépêchez*, vous arriverez à l'heure.
   4. Ne lis pas *quand tu manges.*
   5. On m'a volé mon portefeuille *qui contenait 20 000 yens.*

4. （　）内に適当な指示代名詞を入れなさい。
   1. Regarde cette voiture, (　　　) qui est devant le café.
   2. Quelles sont vos chaussures, (　　　)-ci ou (　　　)-là ?
   3. (　　　) qui n'ont pas 18 ans n'ont pas le droit de voter au Japon.
   4. Écoutez et comprenez (　　　) dont votre interlocuteur parle.

自習問題

次の文の下線の語をそれぞれ強調する文に書き換えなさい。
　　Monique viendra me voir cet après-midi.

Leçon 12 (deuze)

§ 62　直説法単純過去 *passé simple de l'indicatif*　2-47

aimer

j'	aimai	[ʒeme]
tu	aimas	[ty ema]
il	aima	[ilema]
elle	aima	[ɛlema]
nous	aimâmes	[nuzemam]
vous	aimâtes	[vuzemat]
ils	aimèrent	[ilzemɛːr]
elles	aimèrent	[ɛlzemɛːr]

finir

je	finis	[ʒə fini]
tu	finis	[ty fini]
il	finit	[il fini]
elle	finit	[ɛl fini]
nous	finîmes	[nu finim]
vous	finîtes	[vu finit]
ils	finirent	[il finiːr]
elles	finirent	[ɛl finiːr]

être

je	fus	[ʒə fy]
tu	fus	[ty fy]
il	fut	[il fy]
elle	fut	[ɛl fy]
nous	fûmes	[nu fym]
vous	fûtes	[vu fyt]
ils	furent	[il fyːr]
elles	furent	[ɛl fyːr]

avoir

j'	eus	[ʒy]
tu	eus	[ty y]
il	eut	[ily]
elle	eut	[ɛly]
nous	eûmes	[nuzym]
vous	eûtes	[vuzyt]
ils	eurent	[ilzyːr]
elles	eurent	[ɛlzyːr]

venir

je	vins	[ʒə vɛ̃]
tu	vins	[ty vɛ̃]
il	vint	[il vɛ̃]
elle	vint	[ɛl vɛ̃]
nous	vînmes	[nu vɛ̃m]
vous	vîntes	[vu vɛ̃t]
ils	vinrent	[il vɛ̃t]
elles	vinrent	[ɛl vɛ̃t]

活用語尾
　a 型　不定詞が -er で終わる動詞すべて．
　i 型　第 2 群規則動詞および
　　　　partir, prendre, mettre など．
　u 型　être, avoir, recevoir, courir など．
　in 型　venir, tenir など．

a 型	i 型	u 型	in 型
-ai	-is	-us	-ins
-as	-is	-us	-ins
-a	-it	-ut	-int
-âmes	-îmes	-ûmes	-înes
-âtes	-îtes	-ûtes	-întes
-èrent	-irent	-urent	-inrent

用法　🎧2-48

過去において完了した行為や出来事を，現在とつながりのない過去の一時点のこととして表わす．しばしば歴史や物語の記述に用いられる．単純過去は主として書き言葉で用いられる（子供向けのおとぎ話でも使われる）．

Napoléon Bonaparte *naquit* en Corse en 1769 (mil sept cent soixante-neuf).
(< naître)

ナポレオン・ボナパルトは 1769 年コルシカで生まれた．

À minuit, elle *se réveilla, se leva* et *ouvrit* la fenêtre. Les étoiles scintillaient.
(< se réveiller, se lever, ouvrir)

真夜中に彼女は目覚め，起き上がり窓を開けた．満天の星がきらめいていた．

・単純過去は過去の動作・行為を点として記述し（物語を進行させる），そうした動作・行為の背景，前後の状況は半過去（→ p. 69, § 51）で継続した線として記述される．継続した動作・行為であっても，起点，終点あるいは，期間が明確に示されるときは，その全体が一つの点とみなされ単純過去（口語，日常文では複合過去）が用いられる．

Quand mon grand-père était petit, la première guerre mondiale *éclata*. Elle *dura* 4 ans et *se termina* en 1918.

祖父がまだ小さかったころ，第 1 次世界大戦が勃発した．戦争は 4 年間続き 1918 年に終わった．

§ 63　直説法前過去　*passé antérieur de l'indicatif*　🎧2-49

助動詞 (avoir / être) の直説法単純過去＋過去分詞

donner

j' eus donné	nous eûmes donné
tu eus donné	vous eûtes donné
il eut donné	ils eurent donné
elle eut donné	elles eurent donné

venir

je fus venu(e)	nous fûmes venu(e)s
tu fus venu(e)	vous fûtes venu(e)(s)
il fut venu	ils furent venus
elle fut venue	elles furent venues

用法

単純過去とともに用いられる場合が多く，その直前に完了した動作，行為を表わす．口語では使われない．

Dès qu'elle *eut lu* la lettre, elle se mit à pleurer. (< lire)   その手紙を読み終わるやいなや彼女は泣き出した．

直説法の時制

フランス語の動詞は，ある事柄を述べるときの話者の心的態度を表わす**法** *mode*（叙法）と，時間的関係を示す**時制** *temps* とが組み合わさって，一定の活用パターンを持つ（「直説法・大過去」のように）．

直説法 *mode indicatif* とは，叙述する内容を話者が肯定するにせよ，否定するにせよ，事実として表明する法である．

時制には，単純時制と，それぞれの単純時制に対応するかたちで複合時制（助動詞＋過去分詞）がある．この対応関係が動詞活用の基本的な骨組みである．ここで直説法の時制についての時制の対応関係を整理，確認しておこう．

直説法

単純時制	複合時制		
現　在	複合過去	je chante…	j'ai chanté…
半過去	大過去	je chantais…	j'avais chanté…
単純未来	前未来	je chanterai…	j'aurai chanté…
単純過去	前過去	je chantai…	j'eus chanté…

§ 64 関係代名詞 *pronom relatif* (2) **lequel** 🔊2-50

(1) 前置詞＋qui：先行詞；人

　　Je connais la jeune fille *à qui* Fabrice a parlé.　　ファブリスが話かけた女の子をぼくは知っている．

　　À 18 ans, j'ai quitté mes parents *avec qui* je vivais depuis toujours. (< vivre)　　18歳で，私はずっと一緒に暮らしていた両親のもとを離れた．

(2) 前置詞＋lequel, laquelle, lesquels, lesquelles*

	m.	f.
s.	**lequel**	**laquelle**
pl.	**lesquels**	**lesquelles**

* lequel, … は疑問代名詞でもある．
（→ p. 101, § 69）

先行詞；主として物の場合に使う．
定冠詞＋疑問形容詞 quel (p. 31, § 24) で構成されているため，定冠詞の場合と同じく，前置詞 de, à と合体する：

de ＋ { lequel → duquel / (laquelle　de laquelle) / lesquels → desquels / lesquelles → desquelles }

à ＋ { lequel → auquel / (laquelle　à laquelle) / lesquels → auxquels / lesquelles → auxquelles }

　　C'est le stylo *avec lequel* mon grand-père écrivait toujours.　　これは祖父がいつも使っていた万年筆です．

　　Je ne connais pas la raison *pour laquelle* elle n'est pas venue.　　私は彼女がなぜ来なかったのかその理由を知りません．

　　Le public *auquel* vous vous adressez s'intéresse beaucoup à vos œuvres.　　あなたが話しかける聴衆はあなたの作品にたいへん関心を持っています．

(3) 前置詞＋quoi：先行詞；ce, rien など，あるいは先行の文．ce はしばしば省略される．

　　C'est (ce) *à quoi* je pense.　　それが私の考えていることです．

関係代名詞一覧表

	主語	直接目的 属　詞	間接目的・状況補語		場所・ 時
先行詞　人	**qui**	**que**	前置詞+**qui**	**dont**	―
先行詞　物・事			前置詞+**lequel,** *etc.*		**où**
			前置詞+**quoi**		

Exercices

1. 次の文を訳しなさい。 🔊 2-51
   1. Le 5 octobre 1789, les Parisiens allèrent à Versailles. Ils envahirent le château et ramenèrent le roi, la reine et le dauphin.
   2. Le lendemain, les deux sœurs furent au bal, et Cendrillon aussi, mais encore plus parée que la première fois. Le fils du roi fut toujours auprès d'elle, et ne cessa de lui conter des douceurs. (Charles Perrault : *Cendrillon*)
   3. La femme vit que l'arbre était bon à manger, séduisant à voir, désirable pour acquérir l'intelligence. Elle prit de son fruit* et mangea ; elle en donna aussi à son mari qui était avec elle, et il mangea. (*Genèse* 3-6)
      * fruit は集合的に「果実」を指し，de はその部分を表わす前置詞. 部分の de (de partitif) という. de son fruit で「その果実（のひとつ，いくつか）」の意.
   4. Les routes sans séparateur central, sur lesquelles la vitesse est diminuée* de 10 km/h le 1er juillet 2018, représentent 90 %** du réseau français.
      * diminuer de ... : …だけ減らす. 注：p.81 Exercices 1-6.
      ** % : pour cent と読む.

2. （　）内に，適当な関係代名詞をいれ，訳しなさい.
   1. Voilà la lettre à (　　　) je dois répondre.
   2. Allez tout droit, vous trouverez un lac au bord de (　　　) il y a de jolies villas.
   3. Présente-moi la jeune fille avec (　　　) tu as dansé.
   4. Dans ce musée vous trouverez un bureau sur (　　　) le romancier a écrit ses œuvres.

---

de qui, de quoi, duquel と dont (→ p. 48, § 38 ; p. 85, p. 86, § 64)

Le monsieur { *dont* / (*de qui*) } nous avons parlé nous aidera.
私たちが話していた人が私たちを手伝ってくれます.

C'est ce { *dont* / (*de quoi*) } je me plains.
それが私の嘆きの種なのです.

Prenez le livre { *dont* / (*duquel*) } vous avez besoin.
あなたの必要な本をとりなさい.

Vous voyez un lac au milieu *duquel* se trouve une petite île.
真中に小さな島のある湖が見えるでしょ.

dont は上記のように de qui, de quoi, duquel などにかえて使われるが，最後の例のように de が前置詞句 (au milieu de) の一部になっている場合は使えない.

Leçon 13 (treize)

§ 65 条件法 *conditionnel*

叙法 (*le mode*) について

叙法 (あるいは法) は，ある事柄を述べるときに話者がいかなる態度で述べるかを動詞によって示すものです．**直説法**は，ある事柄を現実のこととして述べる場合に用いられます．**命令法**は，ある事柄を実現させようという話者の意志にもとづいて述べる場合に用い，**条件法**は，話者が現実とは異なる想定をしてある事柄を述べる場合に用います．

I 条件法現在 *présent du conditionnel* ◎ 2-52

aimer

j' aime**rais**		nous aime**rions**	
tu aime**rais**		vous aime**riez**	
il aime**rait**		ils aime**raient**	
elle aime**rait**		elles aime**raient**	

aller

j' i**rais**		nous i**rions**	
tu i**rais**		vous i**riez**	
il i**rait**		ils i**raient**	
elle i**rait**		elles i**raient**	

être

je se**rais**		nous se**rions**	
tu se**rais**		vous se**riez**	
il se**rait**		ils se**raient**	
elle se**rait**		elles se**raient**	

avoir

j' au**rais**		nous au**rions**	
tu au**rais**		vous au**riez**	
il au**rait**		ils au**raient**	
elle au**rait**		elles au**raient**	

語幹　　　　　　　　活用語尾：全ての動詞に共通

直説法単純未来形の語幹　＋　

-rais [rɛ]	-rions [rjɔ̃]
-rais [rɛ]	-riez [rje]
-rait [rɛ]	-raient [rɛ]

（単純未来の語幹 -r＋半過去の語尾）

Ⅱ 条件法過去 *passé du conditionnel* 2-53

> 助動詞 (avoir / être) の条件法現在＋過去分詞

aimer

j'aurais aimé		nous aurions aimé	
tu aurais aimé		vous auriez aimé	
il aurait aimé		ils auraient aimé	
elle aurait aimé		elles auraient aimé	

aller

je serais allé(e)		nous serions allé(e)s	
tu serais allé(e)		vous seriez allé(e)(s)	
il serait allé		ils seraient allés	
elle serait allée		elles seraient allées	

条件法の用法

A 法としての用法 2-54

1. 条件法は，動詞の表わす内容が，現実とは異なる話者の想定であることを示す．

  条件節（事実に反する仮定） 帰結節（主節）（仮定にもとづく非現実の想定）
   Si＋直説法半過去， 条件法現在（現在の事実に反する仮定による想定）
   Si＋直説法大過去， 条件法過去（過去の事実に反する仮定による想定）

 Si elle avait le temps, elle m'*écrirait* plus souvent. (＜écrire)
 もし彼女に時間があればもっと手紙をくれるはずだ．

 Si elle avait eu le temps, elle m'*aurait écrit* plus souvent.
 もし彼女に時間があったらもっと手紙をくれたはずだ．

Si... 以外に，句などで仮定の条件が示されることも多い．

 Avec un peu plus de prudence, ils ne *se seraient* pas *mariés*. (＜se marier)
 もう少し慎重だったら2人は結婚しなかったろうに．

 Sans votre aide, je n'y *réussirais* jamais.
 あなたの助けがなければ，まず成功は無理でしょう．

- 未来に対する事実となりうる仮定では，条件節には直説法現在，主節には直説法単純未来を使う．

    S'il *fait* beau demain, nous *irons* faire du tennis.
      明日天気が良ければテニスをしに行きましょう．

    cf. S'il *faisait* beau demain, nous *irions* faire du tennis.
      明日万一天気が良くなれば，テニスをしに行くのだが．

2. 語調の緩和，疑念・推測（とくに断定を避けた報道）を表わす． 🔊2-55

    Je *voudrais* voir Madame Durand.　　　デュラン夫人にお目にかかりたいのですが．（丁寧な依頼）
    　　　　　　　　　　（＜vouloir）

    Tu *devrais* partir plus tôt. (＜devoir)　　もっと早く発つほうがいいでしょう．
    　　　　　　　　　　　　　　　　　　　　（婉曲なすすめ）

    Il y a eu un cambriolage dans une banque　中心街の銀行に強盗がはいった．犯行
    au centre-ville.　Le crime *aurait été commis*　は午前1時ごろに行われた模様．（推測）
    vers une heure du matin.　(＜commettre 受動態)

    J'*aurais dû* travailler davantage.　　　もっと勉強しとくべきだったなあ．
    　　　　　　　　　　　　　　　　　　　（後悔）

- 会話では主節の省略により，勧誘を表わす．

    Si on allait au café ?　　　　　　　　喫茶店へ行かない？

B　時制の用法　🔊2-56

条件法現在は過去を起点として見た未来（過去未来），条件法過去は過去を起点として見た前未来を表わす．（時制の一致）

    Il m'a dit qu'il *partirait* le lendemain.　　彼は翌日出発すると私に言った．
    ← Il m'a dit : « Je partirai demain. »

    Il m'a dit qu'il *serait parti* avant midi.　　彼は昼までには出発しているだろう
    ← Il m'a dit : « Je serai parti avant midi. »　と私に言った．
    　直接話法と間接話法 → p. 102, §72.

Exercices

1. 次の文を訳しなさい. 2-57
   1. Si j'avais dix ans de moins, j'apprendrais le français plus vite.
   2. Qu'auriez-vous fait dans la vie, si vous n'aviez pas été acteur ?
      — Je voulais être peintre.
   3. Fanny rêve d'habiter à la campagne : sa maison se trouverait au sommet d'une colline et dans sa chambre, elle resterait devant la fenêtre à regarder passer les nuages.
   4. Au cas où tu aurais des problèmes, n'hésite pas à me téléphoner.
   5. (Dans un restaurant) Est-ce que je pourrais avoir la carte ?

2. （　）内の動詞を適当な法と時制に活用しなさい.
   1. Si vous ne (être) pas si fatigué, je vous inviterais au cinéma.
   2. S'il était parti plus tôt, il ne (manquer) pas le train.
   3. Si tu as dix-huit ans, tu (pouvoir) avoir le permis de conduire.
   4. Je (vouloir) vous poser une question.

3. フランス語に訳しなさい.
   1. 彼の助けがなければ，それに成功していなかっただろう．（〜に成功する：réussir à 〜）
   2. コーヒーを頂きたいのですが．
   3. （われわれは）もう少しはやく出ていたら，電車に乗り遅れなかったのに．
      (乗り遅れる：manquer le train)

Leçon 14 (quatorze)

§ 66 接続法 *subjonctif*

> **接続法**
>
> **接続法**は，ある事柄を，話者の想念として述べる場合に用いられる**叙法**です．したがって，話者の主観のあり方を規定する主節（導入部）があり，接続詞を介して従属節で用いられるのが普通です．
>
> Je sais qu'elle *vient*.　　　　　　　私は彼女がやって来ることを知っている．
> Je veux qu'elle *vienne*.　　　　　　私は彼女がやって来ることを望んでいる．
> 　　（vienne は venir の接続法現在）
>
> はじめの例では「彼女が来る」という事実に対する話者の認識を示しているが，第2の例では，「彼女が来る」ことは，話者の希望の内容としてのみ存在します．
>
> Il habite un appartement qui *a* quatre　　彼は4部屋あるマンションに住んでいる．
> pièces.
> Je cherche un appartement qui *ait* quatre　私は4部屋あるマンションを探している．
> pièces.
> 　　（ait は avoir の接続法現在）
>
> 上の例では，4部屋あるマンションは現実に住んでいる空間として存在しているが，下の例では，4部屋あるマンションは想定を表わすものです．
>
> être, avoir, vouloir などの不規則動詞の一部で，命令法の活用形（→ p. 47, § 37）と同じになるのも，こうした接続法の叙法からくる．

I 接続法現在 *présent du subjonctif* ⓓ 2-58

aimer	finir	être	avoir
j' aime	je finisse	je sois	j' aie
tu aimes	tu finisses	tu sois	tu aies
il aime	il finisse	il soit	il ait
elle aime	elle finisse	elle soit	elle ait
nous aimions	nous finissions	nous soyons	nous ayons
vous aimiez	vous finissiez	vous soyez	vous ayez
ils aiment	ils finissent	ils soient	ils aient
elles aiment	elles finissent	elles soient	elles aient

接続法現在の活用のポイント
1. 語尾は avoir, être を除き共通．

-e	-ions
-es	-iez
-e	-ent

2. 語幹は直説法現在 3 人称複数の語幹と同じ場合が多い．ただし，nous, vous の活用で他の人称と語幹の変わるものがある（直説法半過去と同形）．
   a) 　　dire :　ils dis ent　　→　je dis e　　　　nous dis ions
   b) 　　venir :　ils vienn ent　→　je vienn e　　　nous venions

3. 直説法とは異なる語幹をとる動詞もある．nous, vous の活用で語幹の変わるものが多い [次の a) の 3 つの動詞および avoir, être を除き直説法半過去と同形]．
   a) 　　faire :　je fass e…　　　nous fass ions…
   　　　pouvoir :　je puiss e…　　nous puiss ions…
   　　　savoir :　je sach e…　　　nous sach ions…
   b) 　　aller :　j'aille…　　　　nous allions…
   　　　vouloir :　je veuill e…　　nous voulions…
   　　　valoir :　je vaill e…　　　nous valions…

II 接続法過去 *passé du subjonctif*　 2-59

助動詞（avoir / être）の接続法現在＋過去分詞

aimer

j' aie aimé	nous ayons aimé
tu aies aimé	vous ayez aimé
il ait aimé	ils aient aimé
elle ait aimé	elles aient aimé

venir

je sois venu(e)	nous soyons venu(e)s
tu sois venu(e)	vous soyez venu(e)(s)
il soit venu	ils soient venus
elle soit venue	elles soient venues

III 接続法が用いられる構文　2-60

接続法が用いられる文を分類すると次のようになる．（このような文型でつねに接続法を要求するものは辞書に que＋接続法などと表示されている）．

(1) 主節が意志，願望，命令，疑惑，懸念，感情などを表わす文の従属節中で．

  Nous souhaitons que votre fils *réussisse* aux concours d'entrée à l'université. (＜réussir)　ご子息が大学入試に合格されるよう念じております．

  Dis-lui qu'il *vienne* chez moi tout de suite. (＜venir)　彼にすぐ私の家まで来るよう言ってくれ．

  cf. Dis-lui que je serai chez Francine ce soir.　今夜はフランシーヌの家にいると彼（女）に伝えて．

  Je crains qu'elle ne* *se mette* à pleurer. (＜se mettre)　彼女が泣き出しはしまいかと心配だ．

  Je suis heureux que vous *vous soyez fiancés*. (＜se fiancer)　あなた方が婚約なさって喜んでいます．

  * 疑惑，懸念を表わす文の従属節で否定の意を含まない ne をいれることがある．これを「虚辞の ne」，ne explétif という．

(2) 話者の意志，判断などを表わす非人称構文において．

  Il faut que tu *ailles* à la police tout de suite. (＜aller)　君はすぐ警察へ行かねばならない．

  Il est possible que je *meure* dans un mois. (＜mourir)　一か月後に私は死ぬかもしれない．

(3) 主節が否定または反語的な疑問で，従属節が不確実な内容を述べるとき．

  Je ne crois pas qu'il *ait pardonné* la faute de son amie. (＜pardonner)　彼が恋人の過ちを許したとはとても思えない．

  Croyez-vous qu'il *sache* la vérité ? (＜savoir)　彼が真実を知っているとお考えですか．

(4) 目的，条件，譲歩，期限などを示す決まった接続詞句に導かれる従属節で．

  afin que, pour que…　　　　目的（…するために）
  pourvu que, à moins que…　　条件（…さえすれば）
  quoique, bien que…　　　　　譲歩（…にもかかわらず）
  sans que…　　　　　　　　　否定（…することなしに）
  avant que, jusqu'à ce que…　期限（…前に，までに）

Parlez plus lentement pour que tout le monde vous *comprenne*. (＜comprendre)　みなにあなたの言うことがわかるようにもっとゆっくり話して下さい．

　Elle n'a pas réussi à l'examen, quoiqu'elle *ait* beaucoup *travaillé*.　彼女はよく勉強したのだけれども試験に合格しなかった．

　Attendons jusqu'à ce que la réponse *arrive*.　返事が来るまで待とう．

(5) 次のような関係節で． ◎2-61
　a. 先行詞に最上級およびそれに類する修飾語が含まれる関係節．
　b. rien, personne や否定文・疑問文で不定冠詞のついた語を先行詞とする関係節．
　c. 目的・希望の内容を示す関係節．

　C'est *le meilleur roman* qu'il *ait écrit* jusqu'à présent.　これは彼が今までに書いた最もいい小説だ．(a)

　Elle est *la seule femme* qui *puisse* me donner une paix profonde. (＜pouvoir)　彼女は私に深い安らぎを与えてくれる唯一の女性だ．(a)

　Il n'y a *personne* qui *soit* capable de résoudre cette question. (＜être)　この問題を解決できる人は誰もいない．(b)

　Je *ne* vois *pas d'appartement* qui vous *convienne* mieux. (＜convenir)　これほどあなたにぴったりのアパルトマンは見当りませんよ．(b)

　Je *cherche* une secrétaire qui *soit* forte en informatique. (＜être)　私は情報科学に強い秘書を探している．(c)

(6) 独立節で願望，希望，命令を表わすとき．
　Qu'il *vienne* chez moi tout de suite !　彼がすぐうちに来るように．
　(＜venir)　（3人称に対する命令）
　Que son âme *repose* en paix !　御魂（みたま）の安らかに眠らんことを．
　Vive la France ! (＜vivre)　フランス万歳．

　(1) (2) (3) は**名詞節**，(4) は**副詞節**，(5) は**形容詞節**です．

Exercices

1. 次の文を訳しなさい． 2-62

    1. Si vous ne comprenez pas bien, il faut que vous posiez des questions au professeur.
    2. Bien qu'il soit riche, comme les riches le sont toujours, il est très avare.
    3. Pourquoi êtes-vous restée célibataire ?
        — Ben… heu… je ne sais pas, c'est peut-être parce que le travail m'occupait et que* je n'étais pas pressée de me trouver un mari, et surtout que* je n'ai pas trouvé quelqu'un qui me plaise.
        * 先行する接続詞(句)に代わる que. ここでは que＝parce que.
    4. Je vais bientôt prendre ma retraite. Ma femme et moi, nous voulons nous installer à la campagne pour avoir une rivière où je puisse pêcher… Mais c'est surtout pour que ma femme retrouve la santé : elle a besoin de l'air de la campagne, de calme et de repos.

2. 次の文の（　）内に，文末に示す動詞を接続法に活用し，訳しなさい．

    1. Je te prête ce livre à condition que tu me le (　　　) dans huit jours. (rendre)
    2. Notre compagnie recherche un caissier qui (　　　) de l'expérience. (avoir)
    3. Vous n'entrerez pas dans le bureau avant que l'on ne vous (　　　). (appeler)
    4. Nous souhaitons que l'année nouvelle (　　　) bonne et heureuse pour vous tous. (être)

§ 67　接続法半過去・接続法大過去

接続法にはほかに半過去，大過去の時制がある．

接続法半過去 *imparfait du subjonctif*　2-63

aimer

j' aimasse	nous aimassions
tu aimasses	vous aimassiez
il aimât	ils aimassent
elle aimât	elles aimassent

finir

je finisse	nous finissions
tu finisses	vous finissiez
il finît	ils finissent
elle fnît	elles finissent

être

je fusse
tu fusses
il fût
elle fût
nous fussions
vous fussiez
ils fussent
elles fussent

avoir

j' eusse
tu eusses
il eût
elle eût
nous eussions
vous eussiez
ils eussent
elles eussent

venir

je vinsse
tu vinsses
il vînt
elle vînt
nous vinssions
vous vinssiez
ils vinssent
elles vinssent

語幹　　　　　　　　　活用語尾：全ての動詞に共通

直説法単純過去の語幹　＋

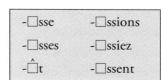

□には単純過去の
a 型
i 型
u 型
in 型　それぞれの母音が入る．
(→ p. 82, § 62)

接続法大過去 *plus-que-parfait du subjonctif*　2-64

助動詞 (avoir / être) の接続法半過去＋過去分詞

aimer

j' eusse aimé	nous eussions aimé
tu eusses aimé	vous eussiez aimé
il eût aimé	ils eussent aimé
elle eût aimé	elles eussent aimé

venir

je fusse venu(e)		nous fussions venu(e)s	
tu fusses venu(e)		vous fussiez venu(e)(s)	
il fût venu		ils fussent venus	
elle fût venue		elles fussent venues	

接続法にも時制の一致があり接続法半過去と接続法大過去は，主節が過去時制の従属節で用いられる．ただし現在ではほとんど用いられず，代わりに接続法現在および接続法過去が使われる．

・接続法の時制　　2-65

主節＼従属節	主節に対して同時または未来	主節に対し完了態
直説法現在・未来	接続法現在	接続法過去
直説法過去・条件法	接続法現在 (接続法半過去)	接続法過去 (接続法大過去)

Je ne crois pas qu'elle *soit* heureuse.	彼女が幸福だとは思わない．
Je ne crois pas qu'elle *ait été* heureuse.	彼女が幸福だったとは思わない．
Je ne croyais pas qu'elle *soit* heureuse.	彼女が幸福だとは思っていなかった．
(Je ne croyais pas qu'elle *fût* heureuse.)	
Je ne croyais pas qu'elle *ait été* heureuse.	彼女が幸福だったとは思っていなかった．
(Je ne croyais pas qu'elle *eût été* heureuse.)	

Il était une fois un gentilhomme qui épousa, en secondes noces, une femme, la plus hautaine et la plus fière qu'on *eût* jamais *vue*. (Charles Perrault : *Cendrillon*)	むかしむかし，それはそれは傲慢で高慢ちきな女を二度めの妻にめとった貴族がいました． （シャルル・ペロー：シンデレラ）

§68　条件法過去第2形　2-66

接続法大過去は条件法過去の代わりに用いられることがある．これを条件法過去第2形という．この形は条件節で直説法大過去の代わりにも用いられる．

Si elle avait mieux réfléchi, elle ne serait pas allée le voir.
Si elle avait mieux réfléchi, elle *ne fût pas allée* le voir.
Si elle *eût* mieux *réfléchi*, elle ne serait pas allée le voir.
Si elle *eût* mieux *réfléchi*, elle *ne fût pas allée* le voir.
　彼女がもう少しよく考えていたら，あの人に会いに行かなかっただろう．

Le nez de Cléopâtre ; s'il *eût été* plus court, toute la face de la Terre aurait changé. (Blaise Pascal : *Pensées*)
クレオパトラの鼻，それがもう少し短かかったら，地球の全表面は変わっていたであろう．
（ブレーズ・パスカル：パンセ）

条件節	主節
Si 直説法大過去	条件法過去
Si 接続法大過去	接続法大過去

主語の同格

現在分詞の用法に「主語と同格」という説明がありました．文章語では名詞，代名詞，形容詞，現在分詞，過去分詞などが主語や直接目的補語などとしばしば同格として用いられ，この同格の構文になれると読解が容易になります．試みに，モーパッサンの *Une vie*『女の一生』をひらくと，最初の数ページで，たくさんの主語の同格の例に出会います．以下はその一部をとり，主語とのかかわり方がわかり易いように訳しておきます．

1. 名詞句

Disciple enthousiaste de J.-J. Rousseau, **il** avait des tendresses d'amant pour la nature, les champs, les bois, les bêtes.
ジャン=ジャック・ルソーの熱心な信奉者だった彼（父親）は，自然，田園，森，動物たちにただならぬ愛情を寄せていた．

Homme de théorie, **il** méditait tout un plan d'éducation pour sa fille, …
理論好きの彼は，自分の娘のために一大教育計画を思い描いていた．

2. 形容詞句

Jeanne, sortie la veille du couvent, *libre enfin pour toujours, prête à saisir tous les bonheurs de la vie dont elle rêvait depuis si longtemps*, craignit que son père hésitât …
前の日に寄宿舎制の女学校をでて，やっとこの先いつまでも自由になり，あんなにも前から夢見ていた人生のあらゆる幸福をすぐにもつかまえようとしていたジャンヌは，父親がためらうのを恐れた…

3. 形容詞句　現在分詞

Jeanne, *ayant fini ses malles*, s'approcha de la fenêtre, mais la pluie ne cessait pas.
荷造りを終えたジャンヌは窓辺に行ってみたが，雨は降り続いていた．

Homme de théorie, **il** méditait tout un plan d'éducation pour sa fille, *voulant la faire heureuse, bonne, droite et tendre*.
理論好きの彼は，娘を幸せで，善良で，真っすぐで，やさしい女にしようと望んで，娘のために一大教育計画を思い描いていた．

4. 形容詞句　過去分詞

Jeanne, *sortie la veille du couvent*, libre enfin pour toujours, prête à saisir tous les bonheurs de la vie dont elle rêvait detuis si longtemps, craignit que son père hésitât… 前の日に寄宿舎制の女学校をでたジャンヌは… (以下訳は 2. を参照)

APPENDICE

§ 69　疑問代名詞 lequel *pronom interrogatif* 🔘 2-67

	m.	f.
s.	**lequel**	**laquelle**
pl.	**lesquels**	**lesquelles**

同種の名詞（人・物）のうちの「誰？　どれ？」を選択的にたずねる．形は p. 85, § 64 の関係代名詞と同じである（定冠詞＋疑問形容詞 quel）．

　　De ces vélos, *lequel* est à toi ?　　　　　この自転車のどれが君の？
　　— C'est celui-ci.　　　　　　　　　　　—これです．
　　Laquelle de ces filles est votre fille ?　　　あの女の子たちの中のどの子があな
　　　　　　　　　　　　　　　　　　　　たの娘さんですか．
　　— Celle-là, au milieu.　　　　　　　　—あの真中にいる子です．
・前置詞 de, à との合体は同形の関係代名詞のときと同じである（→ p. 85, § 64）．
　　Duquel de ces livres parlez-vous ?　　　これらの本のどれについて話してい
　　　　　　　　　　　　　　　　　　　　るのですか．
　　Auquel de ces guichets dois-je m'adresser ?　どの窓口に行けばいいのですか．

§ 70　所有代名詞 *pronom possessif* 🔘 2-68

			所　有　さ　れ　る　も　の			
			男性単数	女性単数	男性複数	女性複数
所有する人	単数	1人称	**le mien**	**la mienne**	**les miens**	**les miennes**
		2人称	**le tien**	**la tienne**	**les tiens**	**les tiennes**
		3人称	**le sien**	**la sienne**	**les siens**	**les siennes**
	複数	1人称	**le nôtre**	**la nôtre**	**les nôtres**	
		2人称	**le vôtre**	**la vôtre**	**les vôtres**	
		3人称	**le leur**	**la leur**	**les leurs**	

英語の mine, yours, などにあたり，「私のもの」，「あなたのもの」を表わし，〈所有形容詞＋名詞〉の代わりをする．所有形容詞と同じく性・数は名詞の性・数に一致する．
　　Regarde sa voiture ! Elle est plus grande que *la mienne*. (← ma voiture)
　　　あいつの車を見てみろ．ぼくの車より大きいぞ．

§ 71 基数詞　つづき　🔊2-69

　　　　　　　　100　cent
　　　　　　　　101　cent un (une)
　　　　　　　　200　deux cents
　　　　　　　　　……
　　　　　　　　900　neuf cents
　　　　　　　　999　neuf cent quatre-vingt-dix-neuf
　　　　　　　1 000　mille
　　　　　　　10 000　dix mille
　　　　　　　100 000　cent mille
　　　　　　1 000 000　un million
　　　　　1 000 000 000　un milliard

- mille には複数形がない．
- million, milliard は数名詞である．端数がなく名詞に続くときは前置詞 de を必要とする．

　　deux millions *d'*habitants　　　　　200 万人の住民
　　douze milliards *de* yens　　　　　　120 億円

§ 72 直接話法から間接話法へ

(1) 平叙文　🔊2-70

接続詞 que を用いる．時制の一致に注意．

　Elle m'a dit : « Je connais ta petite sœur. »
　→ Elle m'a dit qu'elle connaissait ma petite sœur.
　　彼女は私の妹を知っていると言った．
　Mon mari m'a écrit : « J'ai fini mon travail hier et je partirai demain. »
　→ Mon mari m'a écrit *qu'*il avait fini son travail la veille et **qu'*il partirait le lendemain.
　　夫は前日仕事を終え，翌日出発する，と書いてきた．
　＊直接話法の文が2つ以上あれば，間接話法ではそれぞれの従属節の前で接続詞 que をくりかえす．

- 時を表わす副詞は，間接話法では次のようになる．

　　hier → la veille　　前日
　　aujourd'hui → ce jour-là　　当日
　　demain → le lendemain　　翌日
　　ce matin (soir) → ce matin (soir)-là　　その朝 (晩)
　　dans deux heures → deux heures plus tard　　2時間後

- 直接話法の内容が時間にかかわりのない真実，習慣などを表わす場合は主節の時制にかかわりなく現在形を使う．

    Galilée s'est écrié que la terre *tourne* pourtant.
    ガリレオはそれでも地球は回ると叫んだ．
- 直接話法の未来形は，主節が過去の場合，ふつう条件法現在となるが，それが現時点でまだ未来のことに属する場合は未来形のままとすることがある．

    Il m'a dit tout à l'heure qu'il *partira* demain matin.
    彼はさっき明朝出かけると私に言った．

(2) 疑問文　　2-71
1. 答えが Oui, Non, になる文は接続詞 **si** (=if) を用いる．

    Il m'a demandé : « Tu seras libre ce soir ? »
    → Il m'a demandé *si* je serais libre ce soir-là.
    彼は私がその晩ひまかと聞いた．

2. **qu'est-ce qui** は **ce qui** と変わる．

    Il m'a demandé : « Qu'est-ce qui est arrivé ? »
    → Il m'a demandé *ce qui* était arrivé.
    彼は何が起こったのかと私にたずねた．

3. **qu'est-ce que**, **que** は **ce que** に変わる．

    Il m'a demandé : « Qu'est-ce que vous cherchez ? »
    　　　　　　　　« Que cherchez-vous ? »
    → Il m'a demandé *ce que* je cherchais.
    彼は私が何を探しているのかとたずねた．

4. その他の疑問詞のある文は疑問詞をそのまま用いる．

    La secrétaire lui a demandé : « Qui voulez-vous voir ? »
    → La secrétaire lui a demandé *qui* il voulait voir.
    秘書は彼に誰に会いたいのかとたずねた．

    M. Thibaud lui a demandé : « Pourquoi n'êtes-vous pas venu hier ? »
    → M. Thibaud lui a demandé *pourquoi* il n'était pas venu la veille.
    チボーさんは彼になぜ前の日に来なかったかとたずねた．

(3) 命令文

〈de＋不定詞〉を用いる．

    Ma mère m'a dit : « Lève-toi vite ! »
    → Ma mère m'a dit *de me lever* vite.
    母は私に早く起きなさいと言った．

§73 綴り字の読み方　まとめ　🎧2-72

◇単母音字

a	[a]	table [taːbl]	テーブル
é	[e]	café [kafe]	コーヒー
è	[ɛ]	père [pɛːr]	父親
ê	[ɛ]	tête [tɛt]	頭
e			
（開音節）	[ə]	menu [məny]	定食，献立（表）
〈-子音＋e-〉	[無音]	appeler [aple]	呼ぶ
語末の e	[無音]	Madame [madam]	夫人
ただし1音節語では [ə]		le [lə]	（定冠詞男性単数）
（閉音節）	[e] [ɛ]	nez [ne]	鼻
〈-(子音＋) e＋子音-〉		merci [mɛrsi]	ありがとう
i	[i]	pipe [pip]	パイプ
y	[i]	style [stil]	文体，様式

y は i と同じ読みになる．

母音字＋y＋母音字（y=i+i として読む）

		crayon　(crai＋ion) [krɛjɔ̃]	鉛筆
		voyage　(voi＋iage) [vwajaːʒ]	旅
		essuyer　(essui＋ier) [esɥije]	拭く
o	[ɔ] [o]	photo [fɔto]	写真
u	[y]	justice [ʒystis]	正義

◇複母音字

ai	[e] [ɛ]	Air France [ɛːr frɑ̃ːs]	エールフランス（フランス航空）
ei	[ɛ]	la Seine [la sɛn]	セーヌ川
au	[ɔ] [o]	Paul [pɔl]	ポール（男子の名）
eau	[o]	beauté [bote]	美
eu, œu	[ø]	deux [dø] 2,　nœud [nø]	結び目
	[œ]	fleur [flœːr] 花,　sœur [sœːr]	姉妹
ou	[u]	amour [amuːr]	愛，恋
oi	[wa]	Marie-Antoinette [mari ɑ̃twanɛt]	マリー＝アントワネット

◇母音字＋m, n は鼻母音となる． 2-73

an, am en, em	[ã]	lampe [lɑ̃:p] ensemble [ɑ̃sɑ̃:bl]	ランプ アンサンブル，一緒に
in, im yn, ym	[ɛ̃]	Rodin [rɔdɛ̃] symphonie [sɛ̃fɔni]	ロダン シンフォニー
ain, aim ein, eim	[ɛ̃]	Saint Pierre [sɛ̃ pjɛ:r] peinture [pɛ̃ty:r]	聖ペテロ（←聖ピエール） 絵画
on, om	[ɔ̃]	nom [nɔ̃]	名前，名詞
un, um	[œ̃]	un [œ̃]	1（不定冠詞男性単数）
oin	[wɛ̃]	point [pwɛ̃]	点

◇半母音になる綴り

i＋母音字	[j]	cahier [kaje]	ノート
u＋母音字	[ɥ]	huit [ɥit]	8
ou＋母音字	[w]	oui [wi]	はい
ien	[jɛ̃] [jɑ̃]	bien [bjɛ̃] science [sjɑ̃:s]	うまく 科学
ion	[jɔ̃]	action [aksjɔ̃]	行動
ill	[ij]	fille [fij]	娘，女の子
ただし [il] となることもある．		ville [vil]	町
ail(l)	[aj]	travail [travaj]	仕事
eil(l)	[ɛj]	soleil [sɔlɛj]	太陽
euil(l) œil(l) ueil(l)	[œj]	feuille [fœj] œillet [œjɛ] accueil [akœj]	葉 カーネーション もてなし
ouil(l)	[uj]	brouillard [bruja:r]	霧

◇子音字 2-74

s

母音字＋s＋母音字	[z]	maison [mɛzɔ̃]	家
それ以外の s	[s]	cassette [kasɛt]	カセット

c

c＋ a, o, u	[k]	Madame Curie [madam kyri]	キュリー夫人
c＋ e, i	[s]	concert [kɔ̃sɛ:r]　コンサート　ceci [səsi]　これ	

ç		[s]	Leçon un [ləsɔ̃ œ̃]	第1課	
g+	a, o, u	[g]	gare [gaːr]	駅	
	e, i	[ʒ]	page [paːʒ]	ページ	
ge+a, o, u		[ʒ]	Georges [ʒɔrʒ]	ジョルジュ（男子の名）	
gu+e, i		[g]	guitare [gitaːr]	ギター	
			langue [lɑ̃ːg]	言語，舌	
qu		[k]	Quartier latin [kartje latɛ̃]	カルチエラタン	
j		[ʒ]	Japon [ʒapɔ̃]	日本	
ch		[ʃ]	Chopin [ʃɔpɛ̃]	ショパン	

ただしギリシア語に語源をもつ語では ch [k]

			écho [eko]	こだま
th		[t]	thé [te]	茶，紅茶
ph		[f]	photo [fɔto]	写真
gn		[ɲ]	montagne [mɔ̃taɲ]	山
tion		[sjɔ̃]	action [aksjɔ̃]	行動
s のあとでは		[tjɔ̃]	question [kɛstjɔ̃]	問題

語末の子音字はふつうは読まない．

　　　　　　　　　　Paris [pari]　　　　　　パリ

ただし，c, f, l, r は読むことが多い（*careful* とおぼえる）．

　　　　　　　　　　Bonjour [bɔ̃ʒuːr]　　　　おはよう，こんにちは

§74 音節の切り方　 ◎2-75

　フランス語は，綴り字の読み方で説明した規則どおりに読めば，ほとんど例外なく読めるのです．しかしこの規則を当てはめ，正確に読むためには，単語のなかの読みの区切りを素早くつかむ必要があります．この区切りが音節です．フランス語の発音でだれもが最初にとまどうのは，e の読み方や，形容詞が女性形で発音が異なることですが，これも音節のなかでの e の位置や，女性形語尾の音節の組み替えによって決まるのです．だから，音節の切り方さえ知っておけば，もう間違うことはありません．

　音節には綴り字の上での区切りと，発音の上での区切りの2種類がありますが，ここでは綴り字上の切り方について説明します．（ひとつの単語を途中で切って次の行に送るときは，この音節の切れ目でないと切ってはいけません．）

1) **音節の核：母音字**（単母音字，複母音字）

音節は，母音字が核になり構成されます．母音字は à とか y のように，1字だけでも立派な音節です．ai, eau などの発音上1つの母音となる複母音字はこれで1つの音節になります．それぞれ別々に発音される2つの母音字は，その間で音節は切れますが，単語の途中で切って行送りをするときにそこで切ることはできません．

  beau-té [bote]　美；　thé(-)â-tre [teɑːtr]　劇場　（行送りのときは théâ-tre）

- **子母**　子音だけでは音節はできない．

 子音字の方はいくつ集まっても，子音だけでは音節になりません．必ず母音字を核にしなければならないのです．

2) **母／子母　子母子**

 2つの母音字の間に1つの子音字があれば，その子音字は後の母音字と音節を作ります（子音字の前で音節は切れる）．これはローマ字と同じことです．また子音字の後に母音字がなければ，その子音字は前の母音字の音節に入ります．

  ma-da-me [madam]　夫人，　a-mi [ami]　ともだち
  la Sei-ne [lasɛn]　セーヌ川
  beau-coup [boku]　たくさん

- **母子／子母**

母音字に挟まれて，子音字が2つ続くときは 3) にあげる場合を除き，連続する子音字の間で音節は切れます．子音字が3つ続くときは最後の子音字の前で切れます．

  ques-tion [kɛstjɔ̃]　問題，　cas-set-te [kasɛt]　カセット
  con-cert [kɔ̃sɛːr]　コンサート
  s'abs-te-nir [sapstəniːr]　棄権する

3) **切れない子音字**：ch, gn, ph, rh, th は1つの子音と考え，間で切りません．また子音字＋l, r は母音字に挟まれていても切れないで一息に発音されます．ただし先行する子音字が l, r または n のときは前項にあげた規則に従い，2つの子音字の間で切れます．

  cher-cher [ʃɛrʃe]　探す，　a-pos-tro-phe [apɔstrɔf]　アポストロフィ
  mer-cre-di [mɛrkrədi]　水曜日，　ta-ble [taːbl]　テーブル
  sem-bler [sɑ̃ble]　のようにみえる，
  par-ler [parle]　話す，　ter-re [tɛːr]　土地，土，　gen-re [ʒɑ̃ːr]　種類，ジャンル

- **開音節，閉音節**

母音字で終わる音節を「開音節」，子音字で終わる音節を「閉音節」といいます．e は開音節，つまり e で終わる音節では，[無音] または [ə] となり，[e, ɛ (エ)] と発音される

ことはありません．とくに２音節以上の単語の語尾の e は無音．

 le [lə]（定冠詞男性単数）；me-nu [məny]　定食；ap-pe-ler [aple]　呼ぶ，
ma-da-me [madam]

閉音節，つまり子音字で終わる音節に含まれる e は [e] または [ɛ]．

 mer-ci [mɛrsi]　ありがとう，nez [ne]　鼻

- 形容詞の女性形語尾の -e は子音字で終わる男性形語尾（原則として発音しない）につくと，男性形語尾の子音字はこの -e とあらたな音節をつくり，発音されるようになる「音節の組み替え」がおこります．同様にして男性形語尾が〈母音字＋n〉のかたちで鼻母音となっていたものは，女性形語尾では〈母音字＋-ne〉となり，鼻母音でなくなります．

 pe-tit [p(ə)ti] → pe-ti-te [p(ə)tit]　小さい
 voi-sin [vwazɛ̃] → voi-si-ne [vwazin]　隣接した，隣人
 pa-ri-sien [parizjɛ̃] → pa-ri-sien-ne [parizjɛn]　パリの

§75　リエゾン　◎2-76

リエゾンは語末の子音字を発音しないフランス語の特徴的な現象ですが，p. 19, §4 の (1) で触れたように「１つのリズムグループの中で，意味上まとまりのある語群」(p. 13) で行われます．その語群の主なものは：**限定詞（冠詞，所有形容詞など）と次の語，主語代名詞（あるいは前置される代名詞）と動詞，前置詞と次の語，est, sont と次の語，基数詞と次の語**などです．

 Monsieur et Madame Roger sont‿en France. Ils‿habitent dans‿un village de Normandie.
  ロジェ夫妻はフランスにいます．彼らはノルマンディーの村に住んでいる．
 Merci de vos‿aimables conseils. — Je vous‿en prie.
  「親切なご忠告ありがとう」　「どういたしまして」
 Vous‿avez des‿enfants ? — Non, je n'en‿ai pas.
  「お子さんはいますか」　「いいえ，いません」
 Je vais avoir vingt‿ans.
  「もうすぐ 20 歳になる」

- このような意味上つながりのあるグループでも，**リエゾンしてはいけない場合**があります．

 1) **名詞主語／動詞**
 2) **単数名詞／形容詞**
 3) **et と次の語**

Mes parents ' ont‿une maison ' agréable à la campagne.
　　　両親は田舎に快適な家を持っています．
　　Marie a un chien et ' un chat
　　　マリーは犬と猫を飼っている．

- ただし，歌詞などではリエゾンされる場合もあります．
　　Les belles‿auront la folie en tête, et les‿amoureux du soleil au cœur, …
　　　　　　　　　　　　　　　　　　　　　　　　　　　　(*Le temps des cerises*)
　　「美しい娘たちは夢中になり，恋人たちは心に太陽を輝かせ」（さくらんぼの実る頃）

- その他，リエゾンしてもしなくてもいい場合があります．
　　複数名詞＋形容詞など
　　des livres‿intéressants / des livres　intéressants

- 現代の会話ではどちらでもいい場合は，リエゾンせずに発音することが多く，演説，朗読などあらたまった場合はリエゾンする傾向にあります．

Index

項　　目			ページ（課-節）
a	à	前置詞	
		à+le, les → au, aux	19 (3–15)
		à+lequel, … → auquel, auxquels, auxquelles	85 (12–64)
	acheter	第1群規則動詞変則型	52 (8–40)
	aimer	第1群規則動詞・直説法現在	12 (2–8)
		大過去	70 (10–52)
		単純過去	82 (12–62)
		条件法現在	88 (13–65)
		過去	89 (13–65)
		接続法現在	92 (14–66)
		過去	93 (14–66)
		半過去	97 (14–67)
		大過去	97 (14–67)
		受動態	71 (10–53)
	aller	不規則動詞・直説法現在	33 (5–27)
		複合過去	54 (8–42)
		大過去	70 (10–52)
		条件法現在	88 (13–65)
		過去	89 (13–65)
		aller＋不定詞（近い未来）	33 (5–27)
	appeler	第1群規則動詞変則型・直説法現在	52 (8–40)
	arriver	直説法前未来	77 (11–57)
	attendre	不規則動詞・直説法現在	39 (6–31)
	au, aux	← à+le, les　前置詞＋定冠詞	19 (3–15)
		au, aux＋国名	19 (3–15)
	aussi ～ que		62 (9–48)
	autant (de ～) que		63 (9–48)
	avoir	不規則動詞	
		直説法現在	18 (3–14)
		半過去	69 (10–51)
		単純未来	75 (11–56)
		単純過去	82 (12–62)
		条件法現在	88 (13–65)
		接続法現在	92 (14–66)
		半過去	97 (14–67)
		命令法	46 (7–37)

	・助動詞として過去分詞とともに複合時制をつくる	
	直説法複合過去	53 (8–42)
	大過去	70 (10–52)
	前未来	77 (11–57)
	前過去	83 (12–63)
	条件法過去	89 (13–65)
	接続法過去	93 (14–66)
	大過去	97 (14–67)
b	bien の比較級，最上級	63 (9–48)
	bon の比較級，最上級	63 (9–48)
c	ça 　　　指示代名詞	79 (11–60)
	ce (c'), ceci, cela (ça)　指示代名詞	10 (1–6), 79 (11–60), 85 (12–64)
	ce (cet), cette, ces　指示形容詞	14 (2–10)
	celui, celle, ceux, celles　指示代名詞	80 (11–60)
	ce que, ce qui, ce dont	79 (11–60), 103 (APPENDICE-72)
	C'est…, Ce sont…	10 (1–6)
	C'est…qui, C'est…que　強調文	80 (11–61)
	chanter　第1群規則動詞・直説法現在	12 (2–8)
	半過去	69 (10–51)
	単純未来	75 (11–56)
	combien　疑問副詞	52 (8–40)
	combien de	61 (9–47)
	comment　疑問副詞	33 (5–27)
	connaître　不規則動詞・直説法現在	74 (11–55)
d	de (d')¹　前置詞	
	de+le, les → du, des	19 (3–15)
	de+lequel, … → duquel, desquels, desquelles	85 (12–64)
	de qui, de quoi, duquel	87（カコミ）
	部分の de (de partif)	87 (Ex. 1–3注)
	de (d')²　冠詞	
	de (d')（否定の冠詞）	22 (3–18)
	de (d')（不定冠詞複数 des → de）	36 (5–30)
	de la (de l')　部分冠詞	21 (3–17)
	des¹　　不定冠詞（複数）	7 (1–2)
	des²　　← de+les　前置詞＋定冠詞	19 (3–15)
	dire　　不規則動詞・直説法現在	68 (10–50)
	dont　　関係代名詞	48 (7–38), 79 (11–60), 87（カコミ）
	dont と en	66, 67（カコミ）
	du¹　　← de+le　前置詞＋定冠詞	19 (3–15)
	du²　　部分冠詞	21 (3–17)

Index

— 111 —

e	eの読み方（開音節、閉音節）		31（カコミ） 107, 108 (APPENDICE–74)
	elle(s)	人称代名詞　主語	12 (2–7)
		強勢形	41 (6–34)
	en¹	前置詞	
		en＋現在分詞（ジェロンディフ）	78 (11–59)
		en＋国名	19 (3–15)
	en²	中性代名詞	26 (4–22), 60 (9–47), 66, 67（カコミ）
	est-ce que（疑問文の表示）		20 (3–16)
	être	不規則動詞	
		直説法現在	18 (3–13)
		半過去	69 (10–51)
		単純未来	75 (11–56)
		単純過去	82 (12–62)
		条件法現在	88 (13–65)
		接続法現在	92 (14–66)
		半過去	97 (14–67)
		命令法	46 (7–37)
	・助動詞として過去分詞とともに複合時制をつくる		
		直説法複合過去	54 (8–42)
		大過去	70 (10–52)
		前未来	77 (11–57)
		前過去	83 (12–63)
		条件法過去	89 (13–65)
		接続法過去	93 (14–66)
	・助動詞として過去分詞とともに受動態をつくる		71 (10–53)
		非人称動詞	59 (9–46)
	eux	人称代名詞　強勢形	41 (6–34)
f	faire	不規則動詞	42 (6–35)
		非人称動詞	59 (9–46)
	falloir	非人称動詞	59 (9–46)
	finir	第2群規則動詞・直説法現在	25 (4–20)
		半過去	69 (10–51)
		単純未来	75 (11–56)
		前未来	77 (11–57)
		単純過去	82 (12–62)
		接続法現在	92 (14-66)
		半過去	97 (14–67)
h	無音のh, 有音のh		8, 9 (1–3, 4)
i	il	人称代名詞　主語	12 (2–7)
		非人称主語	59 (9–46)

	il est 形容詞 de…		59 (9–46)
	il y a …		22 (3–19), 59 (9–46)
J	je (j')	人称代名詞　主語	12 (2–7)
l	le (l'), la (l'), les　定冠詞		8 (1–2)
		直接目的補語人称代名詞	25 (4–21), 40, 41 (6–32, 33)
	le (l')　中性代名詞		60 (9–47)
	lequel, laquelle, …　関係代名詞		85 (12–64)
		疑問代名詞	101 (APPENDICE–69)
	leur	所有形容詞　leur, leurs	14 (2–11)
		間接目的補語人称代名詞	40 (6–32, 33)
		所有代名詞　le leur, …	101 (APPENDICE–70)
	lui	間接目的補語人称代名詞	40 (6–32, 33)
		人称代名詞　強勢形	41 (6–34), 46 (7–37)
m	M., Mme, Mlle		11 脚注
	me (m')	直接・間接目的補語人称代名詞	25 (4–21), 40 (6–32, 33)
	meilleur		63 (9–48)
	mettre	不規則動詞・直説法現在	68 (10–50)
	mien	所有代名詞　le mien, …	101 (APPENDICE–70)
	mieux		63 (9–48)
	moi	人称代名詞　強勢形	41 (6–34), 46 (7–37)
	moins 〜 que, 定冠詞＋moins		62, 63 (9–48)
	mon, ma (mon), mes　所有形容詞		14 (2–11)
n	ne 〜 pas		13 (2–9)
	ne 〜 plus, ne 〜 jamais, ne 〜 que		48（カコミ）
	ne explétif（虚辞の ne）		94 (14–66)
	notre, nos　所有形容詞		14 (2–11)
	nôtre　所有代名詞　le nôtre, …		101 (APPENDICE–70)
	nous	人称代名詞　主語	12 (2–7)
		直接・間接目的補語	25 (4–21), 40 (6–32)
		強勢形	41 (6–34)
o	où	疑問副詞	21 (3–16)
		関係代名詞，関係副詞	47 (7–38)
	on	不定代名詞	71 (10–54)
			72（カコミ）
p	partir	不規則動詞・直説法現在	39 (6–31)
	personne	不定代名詞	26 (4–21)
	pleuvoir	非人称動詞	59 (9–46)
	plus 〜 que, 定冠詞＋plus		62, 63 (9–48)
	pouvoir	不規則動詞・直説法現在	58 (9–45), 95 (14–66)
	préférer	第1群規則動詞変則型・直説法現在	52 (8–40)
	prendre	不規則動詞・直説法現在	42 (6–35)
q	quand	疑問副詞	21 (3–16)

		接続詞	69, 70 (10–51, 52)
	que (qu')	疑問代名詞　qu'est-ce que	10 (1–6), 28 (4–25)
		接続詞	
		dire que… *etc.*	68 (10–50), 69, 70 (10–51, 52), 90 (13–65),
			92〜95 (14–66)
		比較の que	41 (6–34), 62, 63 (9–48)
		関係代名詞	47 (7–38), 51（カコミ）
	quel, quelle, quels, quelles　疑問形容詞		27 (4–24)
	qui	疑問代名詞	28 (4–25)
		関係代名詞	47 (7–38), 51（カコミ）,
			85 (12–64)
			87（カコミ）
	quoi	疑問代名詞　強勢形	28 (4–25)
		関係代名詞	85 (12–64)
r	recevoir	不規則動詞・直説法現在	39 (6–31)
	rien	不定代名詞	26 (4–21), 29 (4–25), 85 (12–64)
s	savoir	不規則動詞・直説法現在	74 (11–55), 92, 93 (14–66)
	s'appeler	代名動詞・直説法現在	44 (7–36) (→ 52 (8–40))
	se coucher	代名動詞・直説法現在	44 (7–36)
		命令法	47 (7–37)
	se lever	代名動詞・複合過去	55 (8–43) (→ 52 (8–40) acheter)
	sien	所有代名詞　le sien, …	101 (APPENDICE–70)
	son, sa (son), ses　所有形容詞		14 (2–11)
t	te (t')	直接・間接目的補語人称代名詞	25 (4–21), 40 (6–32, 33)
	tien	所有代名動詞　le tien, …	101 (APPENDICE–70)
	toi	人称代名詞　強勢形	41 (6–34), 47 (7–37)
	ton, ta (ton), tes　所有形容詞		14 (2–11)
	tu	人称代名詞　主語	12 (2–7)
v	valoir	不規則動詞・接続法現在	93 (14–66)
	venir	不規則動詞・直説法現在	33 (5–27)
		前過去	83 (12–63)
		接続法過去	93 (14–66)
		大過去	98 (14–67)
		venir de＋不定詞（近い過去）	34 (5–27)
	voilà, voici…		10 (1–6)
	voir	不規則動詞・直説法現在	74 (11–55)
	votre, vos	所有形容詞	14 (2–11)
	vôtre	所有代名詞　le vôtre, …	101 (APPENDICE–70)
	vouloir	不規則動詞・直説法現在	58 (9–45),
		接続法現在	93 (14–66)
	vous	人称代名詞　主語	12 (2–7)

		人称代名詞・間接目的補語	25 (4–21), 40 (6–32)
		強勢形	41 (6–34)
y	y	中性代名詞	61 (9–47)

ア	アクサン・グラーヴ (à, è, ù)	4 (Ⅲ)
	アクサン・シルコンフレクス (â, ê, î, ô, û)	4 (Ⅲ)
	アクサン・テギュ (é)	4 (Ⅲ)
	アポストロフ	10 (1–4)
	アルファベ	2 (Ⅰ)
	筆記体	17
	アンシェヌマン（連読）	9 (1–4)
エ	エリジオン（母音字省略）	9 (1–4)
オ	音節の切り方	31（カコミ）, 106 (APPENDICE–74)
カ	開音節	31（カコミ）, 106 (APPENDICE–74)
	過去における現在（過去，未来，前未来）	
	→ 時制の一致の項を見よ	
	過去分詞	53 (8–41)
	複合時制 → avoir, être（助動詞）の項を見よ	
	受動態　être＋過去分詞	71 (10–53)
	過去分詞の一致（複合時制：主語との）	54 (8–42)
	（複合時制：直接目的補語との）	56 (8–44)
	（複合時制：再帰代名詞との）	55 (8–43)
	（受動態：主語との）	71 (10–53)
	関係代名詞　qui, que, où, dont	47 (7–38)
	dont と en	66, 67（カコミ）
	lequel, laquelle, lesquels, lesquelles	85 (12–64)
	前置詞＋関係代名詞	85 (12–64), 87（カコミ）
	関係代名詞について	51（カコミ）
	一覧表	86
	冠詞	23（カコミ）
	定冠詞 le (l'), la (l'), les	8 (1–2)
	不定冠詞 un, une, des	7 (1–2)
	否定の冠詞 de (d')	22 (3–18)
	複数不定冠詞の de (d')	35, 36 (5–29, 30)
	部分冠詞 du (de l'), de la (de l')	21 (3–17)
	否定の冠詞 de (d')	22 (3–18)
	冠詞 (des, du, de la) の省略	36 (自習1-2注), 45 (7–36)
	無冠詞	18 (3–13), 19 (3–15), 23（カコミ）
	間接疑問文	103 (APPENDICE–72)

	間接目的補語　文の要素	32（カコミ）
	人称代名詞	40 (6–32, 33), 41（カコミ）
	間接話法（直接話法から間接話法へ）	102 (APPENDICE–72)
キ	基数詞 → 数詞	
	基本文型	32（カコミ）
	疑問形容詞 quel, quelle, quels, quelles	27 (4–24)
	疑問代名詞 qui, que, qui est-ce qui, *etc.*	28 (4–25)
	疑問代名詞 lequel, laquelle, lesquels, lesquelles	101 (APPENDICE–69)
	疑問文	20 (3–16)
	強調文 C'est~qui, C'est~que	80 (11–61)
	虚辞の ne	94 (14–66)
ケ	形容詞　性・数の一致	10 (1–5)
	名詞と形容詞の語順	10 (1–5), 35 (5–30)
	女性形	35 (5–29)
	男性第2形	35 (5–29)
	複数形	34 (5–28)
	比較級・最上級	62, 63 (9–48)
	現在分詞	77 (11–58)
	en＋現在分詞（ジェロンディフ）	78 (11–59)
コ	国名と前置詞	19 (3–15)
サ	再帰代名詞	44 (7–36)
	最上級	62, 63 (9–48)
シ	ジェロンディフ（en＋現在分詞）	78 (11–59)
	指示形容詞 ce (cet), cette, ces	14 (2–10)
	指示代名詞 ce (c'), ceci, cela (ça)	10 (1–6), 79 (11–60)
	指示代名詞 celui, celle, ceux, celles	80 (11–60)
	時制の一致　直説法半過去（過去における現在）	70 (10–51)
	直説法大過去（過去における過去）	70 (10–52)
	条件法現在（過去における未来）	90 (13–65)
	条件法過去（過去における前未来）	90 (13–65)
	接続法	98 (14–67)
	受動態	71 (10–53)
	受動表現	72（カコミ）
	状況補語　文の要素	32（カコミ）
	条件法　現在	88 (13–65)
	過去	89 (13–65)
	過去第2形（接続法大過去）	99 (14–68)
	序数詞 → 数詞	
	所有形容詞 mon, ton, son, *etc.*	14 (2–11)
	所有代名詞 le mien, le tien, le sien, *etc.*	101 (APPENDICE–70)
	叙法・法 (le mode)	88（カコミ）, 88 (13–65), 92 (14–66)

ス	数詞：基数詞 1〜10	15 (2–12)
	：基数詞 11〜20	29 (4–26)
	：基数詞 21〜1000	49 (7–39)
	：基数詞のつづき	102 (APPENDICE–71)
	：序数詞	64 (9–49)
セ	接続法　現在	92 (14–66)
	過去	93 (14–66)
	半過去・大過去	97 (14–67), 99 (14–68)
	セディーユ（c セディーユ：ç）	4 (Ⅲ)
	前置詞＋関係代名詞	85 (12–64)
ソ	属詞　文の要素	18 (3–13), 32（カコミ）
タ	第 1 群規則動詞（-er 型動詞）：直説法現在	12 (2–8)
	変則型	52 (8–40)
	命令法	46 (7–37)
	大過去 → 直説法	
	→ 接続法	
	第 2 群規則動詞（-ir 型動詞）直説法現在	25 (4–20)
	命令法	46 (7–37)
	代名動詞　直説法現在	44 (7–36)
	複合過去	55 (8–43)
	命令法	47 (7–37)
	単純時制	55 (8–42)
チ	近い過去（venir de＋不定詞）	34 (5–27)
	近い未来（aller＋不定詞）	33 (5–27)
	中性代名詞　le	60 (9–47)
	en	26 (4–22), 60 (9–47), 66, 67（カコミ）
	y	61 (9–47)
	直説法の時制（まとめ）	84（カコミ）
	直説法　叙法について	88 (13–65)
	現在	12 (2–8)
	複合過去	53 (8–42)
	助動詞 avoir の場合	53 (8–42)
	助動詞 être の場合	54 (8–42)
	代名動詞の場合	55 (8–43)
	受動態	71 (10–53)
	半過去	69 (10–51)
	大過去	70 (10–52)
	単純未来	75 (11–56)
	前未来	77 (11–57)
	単純過去	82 (12–62)
	前過去	83 (12–63)

	直接目的補語　文の要素	32（カコミ）
	人称代名詞	25 (4–21), 40 (6-32), 41（カコミ）
	直接話法から間接話法へ	102 (APPENDICE–72)
ツ	月の名	47（カコミ）
	綴り字記号	4 (Ⅲ)
	（アクサン、トレマ、セディーユ、トレデュニオン）	
	綴り字の読み方 → 発音	
テ	定冠詞 le (l'), la (l'), les	8 (1–2)
ト	同格の構文	100（カコミ）
	倒置　疑問文	20 (3–16)
	命令文	46, 47 (7–37)
	トレデュニオン（ハイフン）	4 (Ⅲ)
	トレマ (ë, ï, ü)	4 (Ⅲ)
ニ	人称代名詞　一覧表	41（カコミ）
	主語	12 (2–7)
	強勢形	41 (6–34)
	直接目的補語人称代名詞	25 (4–21)
	間接目的補語人称代名詞	40 (6–32, 33)
	目的補語人称代名詞の語順	40 (6–33), 44 (7–36)
ハ	発音	2〜4 (Ⅲ)
	綴り字の読み方　その1	5 (Ⅳ)
	その2	16（カコミ）
	その3	29（カコミ）
	まとめ	104 (APPENDICE–73)
	区別が大事　5つのウ	38（カコミ）
	e の読み方（開音節、閉音節中での）	31（カコミ）， 106 (APPENDICE–74)
	半過去 → 直説法	
	→ 接続法	
	半母音	3 (Ⅱ–3), 29（カコミ）
ヒ	否定文	13 (2–9)
	さまざまな否定	48（カコミ）
	否定疑問	26 (4–23)
	否定の冠詞（不定冠詞、部分冠詞）de (d')	22 (3–18)
	比較級	62 (9–48)
	非人称動詞（非人称構文）	59 (9–46)
	鼻母音	3 (Ⅱ-2), 5 (Ⅳ), 16（カコミ）， 105 (APPENDICE–73)
フ	付加形容詞	10 (1–5), 27 (4–24)
	複合時制	55 (8–42), 84（カコミ）
	複合過去 → 直説法	

	複合(完了)形の現在分詞	78 (11–58)
	不定冠詞 un, une, des	7 (1–2)
	否定の冠詞 de (d')	22 (3–18)
	複数不定冠詞の de (d')	36 (5–30)
	不定代名詞 on	71 (10–54), 72（カコミ）
	personne	26 (4–21注)
	rien	26 (4–21注), 85 (12–64)
	部分冠詞 du (de l'), de la (de l')	21 (3–17)
	否定の冠詞 de (d')	22 (3–18)
	部分の de（前置詞）	87 (Ex. 1–3の注)
	文法用語　基本文型	32（カコミ）
ヘ	閉音節	31（カコミ）, 107 (APPENDICE–74)
メ	名詞　性と数	7 (1–1)
	複数形	34 (5–28)
	命令法	46 (7–37), 88（カコミ）
ヨ	曜日	29（カコミ）
リ	リエゾン（連音）	9 (1–4), 108 (APPENDICE–75)
	リズムグループ	9, 10 (1–4), 108 (APPENDICE–75)
ワ	話法　直接話法 → 間接話法	102, 103 (APPENDICE–72)

動詞変化表

I.   aimer
II. arriver
III. être aimé(e)(s)
IV. se lever

1. avoir
2. être
3. parler
4. placer
5. manger
6. acheter
7. appeler
8. préférer
9. employer
10. envoyer
11. aller
12. finir
13. sortir
14. courir
15. fuir
16. mourir
17. venir
18. offrir
19. descendre
20. mettre
21. battre
22. suivre
23. vivre
24. écrire
25. connaître
26. naître
27. conduire
28. suffire
29. lire
30. plaire
31. dire
32. faire
33. rire
34. croire
35. craindre
36. prendre
37. boire
38. voir
39. asseoir
40. recevoir
41. devoir
42. pouvoir
43. vouloir
44. savoir
45. valoir
46. falloir
47. pleuvoir

不定形・分詞形	直 説 法		
	現　　在	半　過　去	単　純　過　去
I. aimer aimant aimé ayant aimé （助動詞　avoir）	j'　　aime tu　　aimes il　　aime nous　aimons vous　aimez ils　　aiment	j'　　aimais tu　　aimais il　　aimait nous　aimions vous　aimiez ils　　aimaient	j'　　aimai tu　　aimas il　　aima nous　aimâmes vous　aimâtes ils　　aimèrent
命　令　法 aime aimons aimez	複　合　過　去 j'　　ai　　　aimé tu　　as　　　aimé il　　a　　　aimé nous　avons　aimé vous　avez　aimé ils　　ont　　aimé	大　過　去 j'　　avais　　aimé tu　　avais　　aimé il　　avait　　aimé nous　avions　aimé vous　aviez　aimé ils　　avaient　aimé	前　過　去 j'　　eus　　aimé tu　　eus　　aimé il　　eut　　aimé nous　eûmes　aimé vous　eûtes　aimé ils　　eurent　aimé
II. arriver arrivant arrivé étant arrivé(e)(s) （助動詞　être）	複　合　過　去 je　　suis　　arrivé(e) tu　　es　　arrivé(e) il　　est　　arrivé elle　est　　arrivée nous　sommes　arrivé(e)s vous　êtes　arrivé(e)(s) ils　　sont　arrivés elles　sont　arrivées	大　過　去 j'　　étais　arrivé(e) tu　　étais　arrivé(e) il　　était　arrivé elle　était　arrivée nous　étions　arrivé(e)s vous　étiez　arrivé(e)(s) ils　　étaient　arrivés elles　étaient　arrivées	前　過　去 je　　fus　　arrivé(e) tu　　fus　　arrivé(e) il　　fut　　arrivé elle　fut　　arrivée nous　fûmes　arrivé(e)s vous　fûtes　arrivé(e)(s) ils　　furent　arrivés elles　furent　arrivées
III. être aimé(e)(s) 受動態 étant aimé(e)(s) ayant été aimé(e)(s)	現　　在 je　　suis　　aimé(e) tu　　es　　aimé(e) il　　est　　aimé elle　est　　aimée n.　　sommes　aimé(e)s v.　　êtes　aimé(e)(s) ils　　sont　aimés elles　sont　aimées	半　過　去 j'　　étais　aimé(e) tu　　étais　aimé(e) il　　était　aimé elle　était　aimée n.　　étions　aimé(e)s v.　　étiez　aimé(e)(s) ils　　étaient　aimés elles　étaient　aimées	単　純　過　去 je　　fus　　aimé(e) tu　　fus　　aimé(e) il　　fut　　aimé elle　fut　　aimé e n.　　fûmes　aimé(e)s v.　　fûtes　aimé(e)(s) ils　　furent　aimés elles　furent　aimées
命　令　法 sois aimé(e) soyons aimé(e)s soyez aimé(e)(s)	複　合　過　去 j'　　ai　　été aimé(e) tu　　as　　été aimé(e) il　　a　　été aimé elle　a　　été aimée n.　　avons　été aimé(e)s v.　　avez　été aimé(e)(s) ils　　ont　été aimés elles ont　été aimées	大　過　去 j'　　avais　été aimé(e) tu　　avais　été aimé(e) il　　avait　été aimé elle　avait　été aimée n.　　avions　été aimé(e)s v.　　aviez　été aimé(e)(s) ils　　avaient　été aimés elles avaient　été aimées	前　過　去 j'　　eus　　été aimé(e) tu　　eus　　été aimé(e) il　　eut　　été aimé elle　eut　　été aimée n.　　eûmes　été aimé(e)s v.　　eûtes　été aimé(e)(s) ils　　eurent　été aimés elles eurent　été aimées
IV. se lever 代名動詞 se levant s'étant levé(e)(s)	現　　在 je　　me　lève tu　　te　lèves il　　se　lève n.　　n.　levons v.　　v.　levez ils　　se　lèvent	半　過　去 je　　me　levais tu　　te　levais il　　se　levait n.　　n.　levions v.　　v.　leviez ils　　se　levaient	単　純　過　去 je　　me　levai tu　　te　levas il　　se　leva n.　　n.　levâmes v.　　v.　levâtes ils　　se　levèrent
命　令　法 lève-toi levons-nous levez-vous	複　合　過　去 je　　me suis　levé(e) tu　　t'　es　levé(e) il　　s'　est　levé elle　s'　est　levée n.　　n. sommes　levé(e)s v.　　v. êtes　levé(e)(s) ils　　se　sont　levés elles se　sont　levées	大　過　去 j'　　m' étais　levé(e) tu　　t'　étais　levé(e) il　　s'　était　levé elle　s'　était　levée n.　　n. étions　levé(e)s v.　　v. étiez　levé(e)(s) ils　　s'　étaient　levés elles s'　étaient　levées	前　過　去 je　　me fus　levé(e) tu　　te　fus　levé(e) il　　se　fut　levé elle　se　fut　levée n.　　n. fûmes　levé(e)s v.　　v. fûtes　levé(e)(s) ils　　se　furent　levés elles se　furent　levées

直説法	条件法	接続法	接続法
単純未来	現在	現在	半過去
j' aimerai	j' aimerais	j' aime	j' aimasse
tu aimeras	tu aimerais	tu aimes	tu aimasses
il aimera	il aimerait	il aime	il aimât
nous aimerons	nous aimerions	nous aimions	nous aimassions
vous aimerez	vous aimeriez	vous aimiez	vous aimassiez
ils aimeront	ils aimeraient	ils aiment	ils aimassent
前未来	過去	過去	大過去
j' aurai aimé	j' aurais aimé	j' aie aimé	j' eusse aimé
tu auras aimé	tu aurais aimé	tu aies aimé	tu eusses aimé
il aura aimé	il aurait aimé	il ait aimé	il eût aimé
nous aurons aimé	nous aurions aimé	nous ayons aimé	nous eussions aimé
vous aurez aimé	vous auriez aimé	vous ayez aimé	vous eussiez aimé
ils auront aimé	ils auraient aimé	ils aient aimé	ils eussent aimé
前未来	過去	過去	大過去
je serai arrivé(e)	je serais arrivé(e)	je sois arrivé(e)	je fusse arrivé(e)
tu seras arrivé(e)	tu serais arrivé(e)	tu sois arrivé(e)	tu fusses arrivé(e)
il sera arrivé	il serait arrivé	il soit arrivé	il fût arrivé
elle sera arrivée	elle serait arrivée	elle soit arrivée	elle fût arrivée
nous serons arrivé(e)s	nous serions arrivé(e)s	nous soyons arrivé(e)s	nous fussions arrivé(e)s
vous serez arrivé(e)(s)	vous seriez arrivé(e)(s)	vous soyez arrivé(e)(s)	vous fussiez arrivé(e)(s)
ils seront arrivés	ils seraient arrivés	ils soient arrivés	ils fussent arrivés
elles seront arrivées	elles seraient arrivées	elles soient arrivées	elles fussent arrivées
単純未来	現在	現在	半過去
je serai aimé(e)	je serais aimé(e)	je sois aimé(e)	je fusse aimé(e)
tu seras aimé(e)	tu serais aimé(e)	tu sois aimé(e)	tu fusses aimé(e)
il sera aimé	il serait aimé	il soit aimé	il fût aimé
elle sera aimée	elle serait aimée	elle soit aimée	elle fût aimée
n. serons aimé(e)s	n. serions aimé(e)s	n. soyons aimé(e)s	n. fussions aimé(e)s
v. serez aimé(e)(s)	v. seriez aimé(e)(s)	v. soyez aimé(e)(s)	v. fussiez aimé(e)(s)
ils seront aimés	ils seraient aimés	ils soient aimés	ils fussent aimés
elles seront aimées	elles seraient aimées	elles soient aimées	elles fussent aimées
前未来	過去	過去	大過去
j' aurai été aimé(e)	j' aurais été aimé(e)	j' aie été aimé(e)	j' eusse été aimé(e)
tu auras été aimé(e)	tu aurais été aimé(e)	tu aies été aimé(e)	tu eusses été aimé(e)
il aura été aimé	il aurait été aimé	il ait été aimé	il eût été aimé
elle aura été aimée	elle aurait été aimée	elle ait été aimée	elle eût été aimée
n. aurons été aimé(e)s	n. aurions été aimé(e)s	n. ayons été aimé(e)s	n. eussions été aimé(e)s
v. aurez été aimé(e)(s)	v. auriez été aimé(e)(s)	v. ayez été aimé(e)(s)	v. eussiez été aimé(e)(s)
ils auront été aimés	ils auraient été aimés	ils aient été aimés	ils eussent été aimés
elles auront été aimées	elles auraient été aimées	elles aient été aimées	elles eussent été aimées
単純未来	現在	現在	半過去
je me lèverai	je me lèverais	je me lève	je me levasse
tu te lèveras	tu te lèverais	tu te lèves	tu te levasses
il se lèvera	il se lèverait	il se lève	il se levât
n. n. lèverons	n. n. lèverions	n. n. levions	n. n. levassions
v. v. lèverez	v. v. lèveriez	v. v. leviez	v. v. levassiez
ils se lèveront	ils se lèveraient	ils se lèvent	ils se levassent
前未来	過去	過去	大過去
je me serai levé(e)	je me serais levé(e)	je me sois levé(e)	je me fusse levé(e)
tu te seras levé(e)	tu te serais levé(e)	tu te sois levé(e)	tu te fusses levé(e)
il se sera levé	il se serait levé	il se soit levé	il se fût levé
elle se sera levée	elle se serait levée	elle se soit levée	elle se fût levée
n. n. serons levé(e)s	n. n. serions levé(e)s	n. n. soyons levé(e)s	n. n. fussions levé(e)s
v. v. serez levé(e)(s)	v. v. seriez levé(e)(s)	v. v. soyez levé(e)(s)	v. v. fussiez levé(e)(s)
ils se seront levés	ils se seraient levés	ils se soient levés	ils se fussent levés
elles se seront levées	elles se seraient levées	elles se soient levées	elles se fussent levées

不定形 分詞形	直説法			
	現在	半過去	単純過去	単純未来
1. avoir もつ ayant eu [y]	j' ai tu as il a n. avons v. avez ils ont	j' avais tu avais il avait n. avions v. aviez ils avaient	j' eus [y] tu eus il eut n. eûmes v. eûtes ils eurent	j' aurai tu auras il aura n. aurons v. aurez ils auront
2. être 在る étant été	je suis tu es il est n. sommes v. êtes ils sont	j' étais tu étais il était n. étions v. étiez ils étaient	je fus tu fus il fut n. fûmes v. fûtes ils furent	je serai tu seras il sera n. serons v. serez ils seront
3. parler 話す parlant parlé	je parle tu parles il parle n. parlons v. parlez ils parlent	je parlais tu parlais il parlait n. parlions v. parliez ils parlaient	je parlai tu parlas il parla n. parlâmes v. parlâtes ils parlèrent	je parlerai tu parleras il parlera n. parlerons v. parlerez ils parleront
4. placer 置く plaçant placé	je place tu places il place n. plaçons v. placez ils placent	je plaçais tu plaçais il plaçait n. placions v. placiez ils plaçaient	je plaçai tu plaças il plaça n. plaçâmes v. plaçâtes ils placèrent	je placerai tu placeras il placera n. placerons v. placerez ils placeront
5. manger 食べる mangeant mangé	je mange tu manges il mange n. mangeons v. mangez ils mangent	je mangeais tu mangeais il mangeait n. mangions v. mangiez ils mangeaient	je mangeai tu mangeas il mangea n. mangeâmes v. mangeâtes ils mangèrent	je mangerai tu mangeras il mangera n. mangerons v. mangerez ils mangeront
6. acheter 買う achetant acheté	j' achète tu achètes il achète n. achetons v. achetez ils achètent	j' achetais tu achetais il achetait n. achetions v. achetiez ils achetaient	j' achetai tu achetas il acheta n. achetâmes v. achetâtes ils achetèrent	j' achèterai tu achèteras il achètera n. achèterons v. achèterez ils achèteront
7. appeler 呼ぶ appelant appelé	j' appelle tu appelles il appelle n. appelons v. appelez ils appellent	j' appelais tu appelais il appelait n. appelions v. appeliez ils appelaient	j' appelai tu appelas il appela n. appelâmes v. appelâtes ils appelèrent	j' appellerai tu appelleras il appellera n. appellerons v. appellerez ils appelleront
8. préférer より好む préférant préféré	je préfère tu préfères il préfère n. préférons v. préférez ils préfèrent	je préférais tu préférais il préférait n. préférions v. préfériez ils préféraient	je préférai tu préféras il préféra n. préférâmes v. préférâtes ils préférèrent	je préférerai tu préféreras il préférera n. préférerons v. préférerez ils préféreront

条件法	接続法		命令法	同型活用の動詞
現在	現在	半過去	現在	（注意）
j' aurais tu aurais il aurait n. aurions v. auriez ils auraient	j' aie tu aies il ait n. ayons v. ayez ils aient	j' eusse tu eusses il eût n. eussions v. eussiez ils eussent	aie ayons ayez	
je serais tu serais il serait n. serions v. seriez ils seraient	je sois tu sois il soit n. soyons v. soyez ils soient	je fusse tu fusses il fût n. fussions v. fussiez ils fussent	sois soyons soyez	
je parlerais tu parlerais il parlerait n. parlerions v. parleriez ils parleraient	je parle tu parles il parle n. parlions v. parliez ils parlent	je parlasse tu parlasses il parlât n. parlassions v. parlassiez ils parlassent	parle parlons parlez	第1群規則動詞 （4型〜10型をのぞく）
je placerais tu placerais il placerait n. placerions v. placeriez ils placeraient	je place tu places il place n. placions v. placiez ils placent	je plaçasse tu plaçasses il plaçât n. plaçassions v. plaçassiez ils plaçassent	place plaçons placez	—cerの動詞 annoncer, avancer, commencer, effacer, renoncer など． (a, oの前で c→ç)
je mangerais tu mangerais il mangerait n. mangerions v. mangeriez ils mangeraient	je mange tu manges il mange n. mangions v. mangiez ils mangent	je mangeasse tu mangeasses il mangeât n. mangeassions v. mangeassiez ils mangeassent	mange mangeons mangez	—gerの動詞 arranger, changer, charger, engager, nager, obliger など． (a, oの前で g→ge)
j' achèterais tu achèterais il achèterait n. achèterions v. achèteriez ils achèteraient	j' achète tu achètes il achète n. achetions v. achetiez ils achètent	j' achetasse tu achetasses il achetât n. achetassions v. achetassiez ils achetassent	achète achetons achetez	—e＋子音＋erの動詞 achever, lever, mener など． (7型をのぞく．e muetを 含む音節の前で e→è)
j' appellerais tu appellerais il appellerait n. appellerions v. appelleriez ils appelleraient	j' appelle tu appelles il appelle n. appelions v. appeliez ils appellent	j' appelasse tu appelasses il appelât n. appelassions v. appelassiez ils appelassent	appelle appelons appelez	—eter, —elerの動詞 jeter, rappeler など． (6型のものもある． e muetの前で t, lを重ね る)
je préférerais tu préférerais il préférerait n. préférerions v. préféreriez ils préféreraient	je préfère tu préfères il préfère n. préférions v. préfériez ils préfèrent	je préférasse tu préférasses il préférât n. préférassions v. préférassiez ils préférassent	préfère préférons préférez	—é＋子音＋erの動詞 céder, espérer, opérer, répéter など． (e muetを含む語末音節 の前で é→è)

不定形 分詞形	直説法			
	現在	半過去	単純過去	単純未来
9. employer 使う 　 employant employé	j'　emploie tu　emploies il　emploie n.　employons v.　employez ils　emploient	j'　employais tu　employais il　employait n.　employions v.　employiez ils　employaient	j'　employai tu　employas il　employa n.　employâmes v.　employâtes ils　employèrent	j'　emploierai tu　emploieras il　emploiera n.　emploierons v.　emploierez ils　emploieront
10. envoyer 送る 　 envoyant envoyé	j'　envoie tu　envoies il　envoie n.　envoyons v.　envoyez ils　envoient	j'　envoyais tu　envoyais il　envoyait n.　envoyions v.　envoyiez ils　envoyaient	j'　envoyai tu　envoyas il　envoya n.　envoyâmes v.　envoyâtes ils　envoyèrent	j'　enverrai tu　enverras il　enverra n.　enverrons v.　enverrez ils　enverront
11. aller 行く 　 allant allé	je　vais tu　vas il　va n.　allons v.　allez ils　vont	j'　allais tu　allais il　allait n.　allions v.　alliez ils　allaient	j'　allai tu　allas il　alla n.　allâmes v.　allâtes ils　allèrent	j'　irai tu　iras il　ira n.　irons v.　irez ils　iront
12. finir 終える 　 finissant fini	je　finis tu　finis il　finit n.　finissons v.　finissez ils　finissent	je　finissais tu　finissais il　finissait n.　finissions v.　finissiez ils　finissaient	je　finis tu　finis il　finit n.　finîmes v.　finîtes ils　finirent	je　finirai tu　finiras il　finira n.　finirons v.　finirez ils　finiront
13. sortir 出かける 　 sortant sorti	je　sors tu　sors il　sort n.　sortons v.　sortez ils　sortent	je　sortais tu　sortais il　sortait n.　sortions v.　sortiez ils　sortaient	je　sortis tu　sortis il　sortit n.　sortîmes v.　sortîtes ils　sortirent	je　sortirai tu　sortiras il　sortira n.　sortirons v.　sortirez ils　sortiront
14. courir 走る 　 courant couru	je　cours tu　cours il　court n.　courons v.　courez ils　courent	je　courais tu　courais il　courait n.　courions v.　couriez ils　couraient	je　courus tu　courus il　courut n.　courûmes v.　courûtes ils　coururent	je　courrai tu　courras il　courra n.　courrons v.　courrez ils　courront
15. fuir 逃げる 　 fuyant fui	je　fuis tu　fuis il　fuit n.　fuyons v.　fuyez ils　fuient	je　fuyais tu　fuyais il　fuyait n.　fuyions v.　fuyiez ils　fuyaient	je　fuis tu　fuis il　fuit n.　fuîmes v.　fuîtes ils　fuirent	je　fuirai tu　fuiras il　fuira n.　fuirons v.　fuirez ils　fuiront
16. mourir 死ぬ 　 mourant mort	je　meurs tu　meurs il　meurt n.　mourons v.　mourez ils　meurent	je　mourais tu　mourais il　mourait n.　mourions v.　mouriez ils　mouraient	je　mourus tu　mourus il　mourut n.　mourûmes v.　mourûtes ils　moururent	je　mourrai tu　mourras il　mourra n.　mourrons v.　mourrez ils　mourront

動詞変化表

条件法 現在	接続法 現在	接続法 半過去	命令法 現在	同型活用の動詞（注意）
j' emploierais tu emploierais il emploierait n. emploierions v. emploieriez ils emploieraient	j' emploie tu emploies il emploie n. employions v. employiez ils emploient	j' employasse tu employasses il employât n. employassions v. employassiez ils employassent	emploie employons employez	—oyer, —uyer, —ayer の動詞 (e muet の前で y → i. —ayer は3型でもよい. また envoyer → 10)
j' enverrais tu enverrais il enverrait n. enverrions v. enverriez ils enverraient	j' envoie tu envoies il envoie n. envoyions v. envoyiez ils envoient	j' envoyasse tu envoyasses il envoyât n. envoyassions v. envoyassiez ils envoyassent	envoie envoyons envoyez	renvoyer （未来．条・現のみ9型とことなる）
j' irais tu irais il irait n. irions v. iriez ils iraient	j' aille tu ailles il aille n. allions v. alliez ils aillent	j' allasse tu allasses il allât n. allassions v. allassiez ils allassent	va allons allez	
je finirais tu finirais il finirait n. finirions v. finiriez ils finiraient	je finisse tu finisses il finisse n. finissions v. finissiez ils finissent	je finisse tu finisses il finît n. finissions v. finissiez ils finissent	finis finissons finissez	第2群規則動詞
je sortirais tu sortirais il sortirait n. sortirions v. sortiriez ils sortiraient	je sorte tu sortes il sorte n. sortions v. sortiez ils sortent	je sortisse tu sortisses il sortît n. sortissions v. sortissiez ils sortissent	sors sortons sortez	partir, dormir, endormir, se repentir, sentir, servir
je courrais tu courrais il courrait n. courrions v. courriez ils courraient	je coure tu coures il coure n. courions v. couriez ils courent	je courusse tu courusses il courût n. courussions v. courussiez ils courussent	cours courons courez	accourir, parcourir, secourir
je fuirais tu fuirais il fuirait n. fuirions v. fuiriez ils fuiraient	je fuie tu fuies il fuie n. fuyions v. fuyiez ils fuient	je fuisse tu fuisses il fuît n. fuissions v. fuissiez ils fuissent	fuis fuyons fuyez	s'enfuir
je mourrais tu mourrais il mourrait n. mourrions v. mourriez ils mourraient	je meure tu meures il meure n. mourions v. mouriez ils meurent	je mourusse tu mourusses il mourût n. mourussions v. mourussiez ils mourussent	meurs mourons mourez	

不定形 分詞形	直説法			
	現在	半過去	単純過去	単純未来
17. venir 来る venant venu	je viens tu viens il vient n. venons v. venez ils viennent	je venais tu venais il venait n. venions v. veniez ils venaient	je vins tu vins il vint n. vînmes v. vîntes ils vinrent	je viendrai tu viendras il viendra n. viendrons v. viendrez ils viendront
18. offrir 贈る offrant offert	j' offre tu offres il offre n. offrons v. offrez ils offrent	j' offrais tu offrais il offrait n. offrions v. offriez ils offraient	j' offris tu offris il offrit n. offrîmes v. offrîtes ils offrirent	j' offrirai tu offriras il offrira n. offrirons v. offrirez ils offriront
19. descendre 降りる descendant descendu	je descends tu descends il descend n. descendons v. descendez ils descendent	je descendais tu descendais il descendait n. descendions v. descendiez ils descendaient	je descendis tu descendis il descendit n. descendîmes v. descendîtes ils descendirent	je descendrai tu descendras il descendra n. descendrons v. descendrez ils descendront
20. mettre 置く mettant mis	je mets tu mets il met n. mettons v. mettez ils mettent	je mettais tu mettais il mettait n. mettions v. mettiez ils mettaient	je mis tu mis il mit n. mîmes v. mîtes ils mirent	je mettrai tu mettras il mettra n. mettrons v. mettrez ils mettront
21. battre 打つ battant battu	je bats tu bats il bat n. battons v. battez ils battent	je battais tu battais il battait n. battions v. battiez ils battaient	je battis tu battis il battit n. battîmes v. battîtes ils battirent	je battrai tu battras il battra n. battrons v. battrez ils battront
22. suivre ついて行く suivant suivi	je suis tu suis il suit n. suivons v. suivez ils suivent	je suivais tu suivais il suivait n. suivions v. suiviez ils suivaient	je suivis tu suivis il suivit n. suivîmes v. suivîtes ils suivirent	je suivrai tu suivras il suivra n. suivrons v. suivrez ils suivront
23. vivre 生きる vivant vécu	je vis tu vis il vit n. vivons v. vivez ils vivent	je vivais tu vivais il vivait n. vivions v. viviez ils vivaient	je vécus tu vécus il vécut n. vécûmes v. vécûtes ils vécurent	je vivrai tu vivras il vivra n. vivrons v. vivrez ils vivront
24. écrire 書く écrivant écrit	j' écris tu écris il écrit n. écrivons v. écrivez ils écrivent	j' écrivais tu écrivais il écrivait n. écrivions v. écriviez ils écrivaient	j' écrivis tu écrivis il écrivit n. écrivîmes v. écrivîtes ils écrivirent	j' écrirai tu écriras il écrira n. écrirons v. écrirez ils écriront

条件法 現在	接続法 現在	接続法 半過去	命令法 現在	同型活用の動詞（注意）
je viendrais tu viendrais il viendrait n. viendrions v. viendriez ils viendraient	je vienne tu viennes il vienne n. venions v. veniez ils viennent	je vinsse tu vinsses il vînt n. vinssions v. vinssiez ils vinssent	 viens venons venez	convenir, devenir, provenir, revenir, se souvenir ; tenir, appartenir, maintenir, obtenir, retenir, soutenir
j' offrirais tu offrirais il offrirait n. offririons v. offririez ils offriraient	j' offre tu offres il offre n. offrions v. offriez ils offrent	j' offrisse tu offrisses il offrît n. offrissions v. offrissiez ils offrissent	 offre offrons offrez	couvrir, découvrir, ouvrir, souffrir
je descendrais tu descendrais il descendrait n. descendrions v. descendriez ils descendraient	je descende tu descendes il descende n. descendions v. descendiez ils descendent	je descendisse tu descendisses il descendît n. descendissions v. descendissiez ils descendissent	 descends descendons descendez	attendre, défendre, rendre, entendre, perdre, prétendre, répondre, tendre, vendre
je mettrais tu mettrais il mettrait n. mettrions v. mettriez ils mettraient	je mette tu mettes il mette n. mettions v. mettiez ils mettent	je misse tu misses il mît n. missions v. missiez ils missent	 mets mettons mettez	admettre, commettre, permettre, promettre, remettre, soumettre
je battrais tu battrais il battrait n. battrions v. battriez ils battraient	je batte tu battes il batte n. battions v. battiez ils battent	je battisse tu battisses il battît n. battissions v. battissiez ils battissent	 bats battons battez	abattre, combattre
je suivrais tu suivrais il suivrait n. suivrions v. suivriez ils suivraient	je suive tu suives il suive n. suivions v. suiviez ils suivent	je suivisse tu suivisses il suivît n. suivissions v. suivissiez ils suivissent	 suis suivons suivez	poursuivre
je vivrais tu vivrais il vivrait n. vivrions v. vivriez ils vivraient	je vive tu vives il vive n. vivions v. viviez ils vivent	je vécusse tu vécusses il vécût n. vécussions v. vécussiez ils vécussent	 vis vivons vivez	
j' écrirais tu écrirais il écrirait n. écririons v. écririez ils écriraient	j' écrive tu écrives il écrive n. écrivions v. écriviez ils écrivent	j' écrivisse tu écrivisses il écrivît n. écrivissions v. écrivissiez ils écrivissent	 écris écrivons écrivez	décrire, inscrire

不定形 分詞形	直説法			
	現在	半過去	単純過去	単純未来
25. connaître 知っている connaissant connu	je connais tu connais il connaît n. connaissons v. connaissez ils connaissent	je connaissais tu connaissais il connaissait n. connaissions v. connaissiez ils connaissaient	je connus tu connus il connut n. connûmes v. connûtes ils connurent	je connaîtrai tu connaîtras il connaîtra n. connaîtrons v. connaîtrez ils connaîtront
26. naître 生まれる naissant né	je nais tu nais il naît n. naissons v. naissez ils naissent	je naissais tu naissais il naissait n. naissions v. naissiez ils naissaient	je naquis tu naquis il naquit n. naquîmes v. naquîtes ils naquirent	je naîtrai tu naîtras il naîtra n. naîtrons v. naîtrez ils naîtront
27. conduire みちびく conduisant conduit	je conduis tu conduis il conduit n. conduisons v. conduisez ils conduisent	je conduisais tu conduisais il conduisait n. conduisions v. conduisiez ils conduisaient	je conduisis tu conduisis il conduisit n. conduisîmes v. conduisîtes ils conduisirent	je conduirai tu conduiras il conduira n. conduirons v. conduirez ils conduiront
28. suffire 足りる suffisant suffi	je suffis tu suffis il suffit n. suffisons v. suffisez ils suffisent	je suffisais tu suffisais il suffisait n. suffisions v. suffisiez ils suffisaient	je suffis tu suffis il suffit n. suffîmes v. suffîtes ils suffirent	je suffirai tu suffiras il suffira n. suffirons v. suffirez ils suffiront
29. lire 読む lisant lu	je lis tu lis il lit n. lisons v. lisez ils lisent	je lisais tu lisais il lisait n. lisions v. lisiez ils lisaient	je lus tu lus il lut n. lûmes v. lûtes ils lurent	je lirai tu liras il lira n. lirons v. lirez ils liront
30. plaire 気に入る plaisant plu	je plais tu plais il plaît n. plaisons v. plaisez ils plaisent	je plaisais tu plaisais il plaisait n. plaisions v. plaisiez ils plaisaient	je plus tu plus il plut n. plûmes v. plûtes ils plurent	je plairai tu plairas il plaira n. plairons v. plairez ils plairont
31. dire 言う disant dit	je dis tu dis il dit n. disons v. dites ils disent	je disais tu disais il disait n. disions v. disiez ils disaient	je dis tu dis il dit n. dîmes v. dîtes ils dirent	je dirai tu diras il dira n. dirons v. direz ils diront
32. faire する faisant [fəzɑ̃] fait	je fais tu fais il fait n. faisons [fəzɔ̃] v. faites ils font	je faisais [fəzɛ] tu faisais il faisait n. faisions v. faisiez ils faisaient	je fis tu fis il fit n. fîmes v. fîtes ils firent	je ferai tu feras il fera n. ferons v. ferez ils feront

条件法	接続法		命令法	同型活用の動詞
現在	現在	半過去	現在	（注意）
je connaîtrais tu connaîtrais il connaîtrait n. connaîtrions v. connaîtriez ils connaîtraient	je connaisse tu connaisses il connaisse n. connaissions v. connaissiez ils connaissent	je connusse tu connusses il connût n. connussions v. connussiez ils connussent	connais connaissons connaissez	reconnaître ; paraître, apparaître, disparaître （t の前で i → î）
je naîtrais tu naîtrais il naîtrait n. naîtrions v. naîtriez ils naîtraient	je naisse tu naisses il naisse n. naissions v. naissiez ils naissent	je naquisse tu naquisses il naquît n. naquissions v. naquissiez ils naquissent	nais naissons naissez	renaître （t の前で i → î）
je conduirais tu conduirais il conduirait n. conduirions v. conduiriez ils conduiraient	je conduise tu conduises il conduise n. conduisions v. conduisiez ils conduisent	je conduisisse tu conduisisses il conduisît n. conduisissions v. conduisissiez ils conduisissent	conduis conduisons conduisez	introduire, produire, traduire ; construire, détruire
je suffirais tu suffirais il suffirait n. suffirions v. suffiriez ils suffiraient	je suffise tu suffises il suffise n. suffisions v. suffisiez ils suffisent	je suffisse tu suffisses il suffît n. suffissions v. suffissiez ils suffissent	suffis suffisons suffisez	
je lirais tu lirais il lirait n. lirions v. liriez ils liraient	je lise tu lises il lise n. lisions v. lisiez ils lisent	je lusse tu lusses il lût n. lussions v. lussiez ils lussent	lis lisons lisez	élire, relire
je plairais tu plairais il plairait n. plairions v. plairiez ils plairaient	je plaise tu plaises il plaise n. plaisions v. plaisiez ils plaisent	je plusse tu plusses il plût n. plussions v. plussiez ils plussent	plais plaisons plaisez	déplaire, taire （ただし taire の直・現・ 3 人称単数 il tait）
je dirais tu dirais il dirait n. dirions v. diriez ils diraient	je dise tu dises il dise n. disions v. disiez ils disent	je disse tu disses il dît n. dissions v. dissiez ils dissent	dis disons dites	redire
je ferais tu ferais il ferait n. ferions v. feriez ils feraient	je fasse tu fasses il fasse n. fassions v. fassiez ils fassent	je fisse tu fisses il fît n. fissions v. fissiez ils fissent	fais faisons faites	défaire, refaire, satisfaire

不定形 分詞形	直説法			
	現在	半過去	単純過去	単純未来
33. rire 笑う riant ri	je ris tu ris il rit n. rions v. riez ils rient	je riais tu riais il riait n. riions v. riiez ils riaient	je ris tu ris il rit n. rîmes v. rîtes ils rirent	je rirai tu riras il rira n. rirons v. rirez ils riront
34. croire 信じる croyant cru	je crois tu crois il croit n. croyons v. croyez ils croient	je croyais tu croyais il croyait n. croyions v. croyiez ils croyaient	je crus tu crus il crut n. crûmes v. crûtes ils crurent	je croirai tu croiras il croira n. croirons v. croirez ils croiront
35. craindre おそれる craignant craint	je crains tu crains il craint n. craignons v. craignez ils craignent	je craignais tu craignais il craignait n. craignions v. craigniez ils craignaient	je craignis tu craignis il craignit n. craignîmes v. craignîtes ils craignirent	je craindrai tu craindras il craindra n. craindrons v. craindrez ils craindront
36. prendre とる prenant pris	je prends tu prends il prend n. prenons v. prenez ils prennent	je prenais tu prenais il prenait n. prenions v. preniez ils prenaient	je pris tu pris il prit n. prîmes v. prîtes ils prirent	je prendrai tu prendras il prendra n. prendrons v. prendrez ils prendront
37. boire 飲む buvant bu	je bois tu bois il boit n. buvons v. buvez ils boivent	je buvais tu buvais il buvait n. buvions v. buviez ils buvaient	je bus tu bus il but n. bûmes v. bûtes ils burent	je boirai tu boiras il boira n. boirons v. boirez ils boiront
38. voir 見る voyant vu	je vois tu vois il voit n. voyons v. voyez ils voient	je voyais tu voyais il voyait n. voyions v. voyiez ils voyaient	je vis tu vis il vit n. vîmes v. vîtes ils virent	je verrai tu verras il verra n. verrons v. verrez ils verront
39. asseoir 座らせる asseyant assoyant assis	j' assieds tu assieds il assied n. asseyons v. asseyez ils asseyent ――― j' assois tu assois il assoit n. assoyons v. assoyez ils assoient	j' asseyais tu asseyais il asseyait n. asseyions v. asseyiez ils asseyaient ――― j' assoyais tu assoyais il assoyait n. assoyions v. assoyiez ils assoyaient	j' assis tu assis il assit n. assîmes v. assîtes ils assirent	j' assiérai tu assiéras il assiéra n. assiérons v. assiérez ils assiéront ――― j' assoirai tu assoiras il assoira n. assoirons v. assoirez ils assoiront

| 条件法 | 接続法 | | 命令法 | 同型活用の動詞 |
現在	現在	半過去	現在	（注意）
je rirais tu rirais il rirait n. ririons v. ririez ils riraient	je rie tu ries il rie n. riions v. riiez ils rient	je risse tu risses il rît n. rissions v. rissiez ils rissent	ris rions riez	sourire
je croirais tu croirais il croirait n. croirions v. croiriez ils croiraient	je croie tu croies il croie n. croyions v. croyiez ils croient	je crusse tu crusses il crût n. crussions v. crussiez ils crussent	crois croyons croyez	
je craindrais tu craindrais il craindrait n. craindrions v. craindriez ils craindraient	je craigne tu craignes il craigne n. craignions v. craigniez ils craignent	je craignisse tu craignisses il craignît n. craignissions v. craignissiez ils craignissent	crains craignons craignez	plaindre ; atteindre, éteindre, peindre; joindre, rejoindre
je prendrais tu prendrais il prendrait n. prendrions v. prendriez ils prendraient	je prenne tu prennes il prenne n. prenions v. preniez ils prennent	je prisse tu prisses il prît n. prissions v. prissiez ils prissent	prends prenons prenez	apprendre, comprendre, surprendre
je boirais tu boirais il boirait n. boirions v. boiriez ils boiraient	je boive tu boives il boive n. buvions v. buviez ils boivent	je busse tu busses il bût n. bussions v. bussiez ils bussent	bois buvons buvez	
je verrais tu verrais il verrait n. verrions v. verriez ils verraient	je voie tu voies il voie n. voyions v. voyiez ils voient	je visse tu visses il vît n. vissions v. vissiez ils vissent	vois voyons voyez	revoir
j' assiérais tu assiérais il assiérait n. assiérions v. assiériez ils assiéraient	j' asseye tu asseyes il asseye n. asseyions v. asseyiez ils asseyent	j' assisse tu assisses il assît n. assissions v. assissiez ils assissent	assieds asseyons asseyez	（代名動詞 s'asseoir と して用いられることが 多い．下段は俗語調）
j' assoirais tu assoirais il assoirait n. assoirions v. assoiriez ils assoiraient	j' assoie tu assoies il assoie n. assoyions v. assoyiez ils assoient		assois assoyons assoyez	

不定形　分詞形	直説法			
	現在	半過去	単純過去	単純未来
40. recevoir　受取る recevant reçu	je　reçois tu　reçois il　reçoit n.　recevons v.　recevez ils　reçoivent	je　recevais tu　recevais il　recevait n.　recevions v.　receviez ils　recevaient	je　reçus tu　reçus il　reçut n.　reçûmes v.　reçûtes ils　reçurent	je　recevrai tu　recevras il　recevra n.　recevrons v.　recevrez ils　recevront
41. devoir　ねばならぬ devant dû, due dus, dues	je　dois tu　dois il　doit n.　devons v.　devez ils　doivent	je　devais tu　devais il　devait n.　devions v.　deviez ils　devaient	je　dus tu　dus il　dut n.　dûmes v.　dûtes ils　durent	je　devrai tu　devras il　devra n.　devrons v.　devrez ils　devront
42. pouvoir　できる pouvant pu	je　peux (puis) tu　peux il　peut n.　pouvons v.　pouvez ils　peuvent	je　pouvais tu　pouvais il　pouvait n.　pouvions v.　pouviez ils　pouvaient	je　pus tu　pus il　put n.　pûmes v.　pûtes ils　purent	je　pourrai tu　pourras il　pourra n.　pourrons v.　pourrez ils　pourront
43. vouloir　のぞむ voulant voulu	je　veux tu　veux il　veut n.　voulons v.　voulez ils　veulent	je　voulais tu　voulais il　voulait n.　voulions v.　vouliez ils　voulaient	je　voulus tu　voulus il　voulut n.　voulûmes v.　voulûtes ils　voulurent	je　voudrai tu　voudras il　voudra n.　voudrons v.　voudrez ils　voudront
44. savoir　知っている sachant su	je　sais tu　sais il　sait n.　savons v.　savez ils　savent	je　savais tu　savais il　savait n.　savions v.　saviez ils　savaient	je　sus tu　sus il　sut n.　sûmes v.　sûtes ils　surent	je　saurai tu　sauras il　saura n.　saurons v.　saurez ils　sauront
45. valoir　価値がある valant valu	je　vaux tu　vaux il　vaut n.　valons v.　valez ils　valent	je　valais tu　valais il　valait n.　valions v.　valiez ils　valaient	je　valus tu　valus il　valut n.　valûmes v.　valûtes ils　valurent	je　vaudrai tu　vaudras il　vaudra n.　vaudrons v.　vaudrez ils　vaudront
46. falloir　必要である ― fallu	il　faut	il　fallait	il　fallut	il　faudra
47. pleuvoir　雨が降る pleuvant plu	il　pleut	il　pleuvait	il　plut	il　pleuvra

条件法	接続法		命令法	同型活用の動詞
現　在	現　在	半過去	現　在	（注意）
je recevrais tu recevrais il recevrait n. recevrions v. recevriez ils recevraient	je reçoive tu reçoives il reçoive n. recevions v. receviez ils reçoivent	je reçusse tu reçusses il reçût n. reçussions v. reçussiez ils reçussent	reçois recevons recevez	apercevoir, concevoir
je devrais tu devrais il devrait n. devrions v. devriez ils devraient	je doive tu doives il doive n. devions v. deviez ils doivent	je dusse tu dusses il dût n. dussions v. dussiez ils dussent		（過去分詞は du＝de＋le と区別するために男性単数のみ dû と綴る）
je pourrais tu pourrais il pourrait n. pourrions v. pourriez ils pourraient	je puisse tu puisses il puisse n. puissions v. puissiez ils puissent	je pusse tu pusses il pût n. pussions v. pussiez ils pussent		
je voudrais tu voudrais il voudrait n. voudrions v. voudriez ils voudraient	je veuille tu veuilles il veuille n. voulions v. vouliez ils veuillent	je voulusse tu voulusses il voulût n. voulussions v. voulussiez ils voulussent	veuille veuillons veuillez	
je saurais tu saurais il saurait n. saurions v. sauriez ils sauraient	je sache tu saches il sache n. sachions v. sachiez ils sachent	je susse tu susses il sût n. sussions v. sussiez ils sussent	sache sachons sachez	
je vaudrais tu vaudrais il vaudrait n. vaudrions v. vaudriez ils vaudraient	je vaille tu vailles il vaille n. valions v. valiez ils vaillent	je valusse tu valusses il valût n. valussions v. valussiez ils valussent		
il faudrait	il faille	il fallût		
il pleuvrait	il pleuve	il plût		

初級フランス語文法（三訂版）

検印
省略

© 2019年1月31日初版 発行

著 者　　天羽　均
　　　　　佐々木康之
　　　　　西川長夫
　　　　　松本　勤

発行者　　原　雅久
発行所　　株式会社　朝日出版社
　　　　　101-0065　東京都千代田区西神田3-3-5
　　　　　電話（03）3239-0271・0272
　　　　　振替口座　00140-2-46008
　　　　　クロスコンサルティング

乱丁，落丁本はお取り替えいたします
本書の一部あるいは全部を無断で複写複製（撮影・デジタル化を含む）及び転載することは、法律上で認められた場合を除き、禁じられています。

ISBN978-4-255-35294-7 C1085